大者包含之義。乘有運載之功。起則對境發心。信則忍可印定。論乃假立賓主。問答發揮。決擇正理。破除邪見。揀非經律。故以論名。

大乘起信論講義

圓瑛法師◎著

華夏出版公司本著「弘揚傳統文化，好書永世流傳」的理念，因舊版圖書年代久遠，囿於時空因素，在尚未能聯繫到原著作人並取得同意下，重新出版了這本著作，如有侵權，敬請著作權人或其親友和華夏出版公司聯繫，謝謝您。

諸供養中法供養最當知
佛法可以覺悟人心維持世道
若依之修習必能離苦得樂
普願自覺覺他攝勸化同
發菩提心齊成無上道

三求堂主人圓瑛題

圓瑛

圓瑛老法師德相

求福求慧求生淨土

念佛念法念僧伽

願消累劫諸業障
願得福慧日增長
願盡此身出娑婆
願佛接引生安養
辛巳秋圓瑛自題

大乘起信論講義卷上

四明接待講寺　佛教講習所　圓瑛弘悟　述

大乘起信論

○今解此論，直分爲六：**甲一、略釋論題；二、造論菩薩；三、翻譯人時；四、歸敬述意；五、正立論體；六、總結回向**。今初：

大者包含之義，乘有運載之功，起則對境發心，信則忍可印定，論乃假立賓主，問答發揮，決擇正理，破除邪見。揀非經律，故以論名。○題中應分通別：上四字別題，別在當部。下一字通題，通於論藏。○題者頭也，如人頭目爲五官之總。觀其頭目，便知此人，爲忠奸賢否。論題亦爾，爲一論之總，略釋宗要，便知此論權實頓漸。○大有三義：曰體、相、用。夫一心之理，爲諸法所依，卽體大。具足恆沙稱性功德，卽相大。善能出生一切因果，卽用大。乘者以本覺爲所乘，始覺爲能乘，究竟爲乘所至處。故下文云：諸佛，本所乘故；一切菩薩，皆乘此法，到如來地故。○大乘之理，卽是一心。小乘不信此理，沉滯化城；外道不信此理，終無實果；凡夫不信此理，永受輪迴。蓋不信者，實非不具而不信也。人人有心，本來等具，良由五陰所覆，二執所障，此理不得現前，迷而不信。故菩薩愍物沉迷，宗百部大乘，特造此論，普令衆生發起信心。○問：何以獨言發起信心？答：大乘之理，雖衆生等具，實衆生同迷，迷則不信。菩薩闡揚此理，能令從聞生解，破迷起信。信此理已，一切道法，任運而生。華嚴經云：信爲道源功德母，長養一切諸善根。信爲行之本，行無信不立。是起信者，急先務焉。○若約七種立題，大乘是所信之理，信爲能信之心。能信乃卽理之心，所信亦卽心之理。能所不二，惟一心法，則單法立題。若乘字就喩爲稱，亦可法喩立題。又按起字，既有所起之信，必有能起之人，義則兼人；亦可文義雙收，具足立題。一略釋論題竟。

甲二　造論菩薩

馬鳴菩薩造

菩薩名曰馬鳴者，按諸傳記，當有三釋：一、菩薩初生時，感羣馬悲鳴不息。二、菩薩善能撫琴，以宣法音；羣馬聞已，咸悉悲鳴。三、菩薩善能說法，能令馬聞，悲鳴垂淚，七日不食。故立此名。〇菩薩，具云菩提薩埵；此翻覺有情。菩提乃大覺，卽所求也。薩埵乃有情，卽所化也。實智悲並運，上求下化之人；此雙約二利說。若單約自利，雖已分證佛覺，尚有情識未盡故。若單約利他，廣行善巧方便，覺悟一切有情故。〇造者製作，宗百部大乘廣義，製作斯論，以約該博，應機施化也。考造論之時，依摩訶摩耶經云：如來滅後六百歲已，九十六種外道等，邪見競興，毀滅佛法。有一比丘，名曰馬鳴，善說法要，降伏一切諸外道輩。此菩薩乃如來預記之人，實內秘外現之士。造論，乃在如來滅後六百餘年。二造論菩薩竟。

甲三　翻譯人時

眞諦三藏譯

梵語波羅末陀，華言眞諦。契悟眞如諦理，闡揚大乘奧義。西印度優禪尼國人。性天高朗，氣宇澄明，風神超拔，博覽羣藏。而於大乘，偏洞深遠。遊歷諸國，隨機利見。於梁武帝太清二年入華，與瞿曇及多侍從，並送蘇合佛像來朝。至未經旬，便值侯景侵擾。迨承聖三年九月十日，與慧顯智愷曇振慧旻等，並黃鉞大將軍太保蕭公勃，於衡州建興寺所譯，沙門智愷筆受，月婆首那等譯語，並翻論旨玄文二十卷，馬鳴冲旨，更曜於時，邪見之流，伏從正化。○本論前後二譯：一、于闐國沙門實叉難陀，此云喜學。大周聖歷三年十月八日，於東都佛授記寺譯，沙門復禮筆受。今行前譯。三翻譯人時竟。

甲四　歸敬述意　二　乙　先歸敬三寶　後述造論意

歸命盡十方，最勝業徧知，色無礙自在，救世大悲者。及彼身體相，法性眞如海，無量功德藏，如實修行等。

將造斯論，先歸三寶，具有三意：一、爲荷恩故：若無佛說，法無由起；若無有法，解無從生：若無僧傳，聞無所自。由荷三恩，方成慧悟。今傳此法，理宜致敬。二、求加被故：濁惡世中，傳化不易。若不仰請三寶威力加被，難以自利利人；故應致敬。三、令生信故：如率已造論，恐人不信，要歸三寶，法有所宗。庶使論義，印契佛心，易啓信從；故應致敬。○歸命：表能歸之心。盡十方：即所歸分際。最勝下七句，舉三寶德。歸命有二釋：一歸向義：

命謂命根，乃六根之總，一身之要，萬生所重，莫此爲先。今舉之以奉三尊，表信敬之極也。二、還源義：衆生六根，從一心起，而背本逐末，奔馳六塵。今舉命則總攝諸根，還歸其本源一心。一心，卽自性三寶也。○盡十方：卽極盡十方法界之分量，所有帝網刹中之無盡三寶也。○最勝業徧知三句：歸佛寶也。佛以三輪應物：業，卽身口意三輪業用，皆最殊勝，顯非應化身，乃從法垂報之身。不云法身者，以法身入法寶攝故。徧知，意業最勝也；凡夫妄知，外道邪知，二乘偏知，菩薩分知，唯佛徧知。以眞智證理，理無不徹；以俗智鑒機，機無不宜；乃至緣起差別等，無不盡知；故云徧知也。○色無礙自在：身業最勝也。如來色身，自在無礙，乃有多端，今略辨四種：一、大小無礙：一一根皆徧法界，而不壞諸根之性，又不雜諸根之相。二、互用無礙；一根能作諸根用，諸根能作一根用；自在相作，而不相礙。三、理事無礙；現色炳然，而不礙舉體性空；妙理湛然，而不礙業用無方。下文云：色卽智，說名智身等。四、應機無礙：一身不分而普現，多機齊應而無乖。在彼不礙此，在此不礙彼，故云色無礙自在。○救世大悲：口業最勝也。世謂世間，乃三種世間中之有情世間也，卽所救之機。大悲爲能救之心，揀非生緣悲，法緣悲，由無緣大悲內熏，說法度生。因衆生根性不一，故如來巧說不同。大小頓漸，偏圓顯密，無非隨機利導，對症施方。佛說一切法，一一皆從大悲心中流出，故曰救世大悲。〇者字：指人，卽上三輪最勝之佛。佛德無量，難以盡舉，略舉三業，以表所歸也。〇及彼身體相三句：歸敬法寶也。及者併及，言不但歸佛，亦歸於法也。法寶有四，謂教、理、行、果，今但歸果理。彼卽指佛。約彼佛身，而明法寶，是果法也。又約身之體相，是理法也。及之云者，顯佛與法，是非一義。彼身體相，顯佛與法，是非異義。法卽佛之體相，佛之體相卽法。諸佛以法爲身，體相二大屬法寶攝。用大卽前三輪不思議業用，以用大全依體相，故云及彼身體相也。〇法性眞如海：此句釋上體字。謂眞如法性，卽法身眞體。又不特與佛爲體，亦通與一切法爲性。論云：在衆生數中，名爲佛性；在非衆生數中，名爲法性；法性卽諸法實性。眞如者，無遺曰眞，無立曰如。下文云：此眞如體，無有可遣，以一切法悉皆眞故。亦無可立，以一切法皆同如故。當知一切法，不可說，不可念，名爲眞如。又眞則不變，如則不異，恆隨染淨之緣，偏與染淨諸法爲性。雖隨緣而不變，雖不變恆隨緣，故喻如海。因風起諸浪，濕性無有變；無變之性，不礙浪起。又眞如具德如海，華嚴云：譬如深大海，珍寶不可盡，於中悉顯現，衆生之形類。甚深因緣海，功德寶無盡，清淨法身中，無像而不現。若按後義，兼通體相。○無量功德藏：此句釋上相字。謂此法身，如來藏妙眞如性中，含攝具足無量稱性功德，故云藏。四種法中，此屬教行二法；教含所詮功德，行攝所成功德。功德不一，故云無量。○如實修行等一句：歸敬僧寶也。僧通凡聖，聖有大小。如實修行者，地上大菩薩僧也。稱眞實理，起圓頓行，凡所修爲，名如實修行。下文云：依法力熏習，是地前行；如實修行，是地上行；滿足方便，是地滿位。等者，舉中等取前後也。又寶性論，就地上菩薩說二修行：一、如實修行，了如理一味，屬正體智；二、徧修行，備知一心，有恆沙法界，屬後得智。此中舉正體智，等取後得智，故云等也。先歸敬三寶竟。

乙　後述造論意

爲欲令衆生，除疑捨邪執，起大乘正信，佛種不斷故。

述意不出二種：一爲利益衆生，二爲不斷佛種。所爲衆生雖多，三聚可以統收。下文云：爲未入正定衆生，修行信心等。此正爲不定聚，令起正信。兼爲邪定聚，作遠因緣。已入正定聚，具增妙行。○第二句，令得離過益。衆生所以長淪生死，不證涅槃，皆由疑執，以爲其本。由疑故迷眞，失於樂也。由執故起妄，種於苦也。○求大乘者：所疑大端有二：一、疑法，障於發心；二、疑門，障於修行。一、疑法者，疑大乘法體，爲一爲多？若一則無異法，生佛平等，何必發宏誓願度生？若多則非一體，物我各別，如何得起同體大悲？由是疑惑，不能發心。二、疑門者：疑如來教門無量，爲依何門修行？若要俱依，不能頓入。若依一二，何遣何就？由是疑惑，不能修行。○今爲遣此二疑，立一心法，開二種門。立一心法，遣初疑。明大乘法，唯有一心，一心之外，更無別法。因有無明，迷本一心，起諸波浪，流轉六道。雖起六道之浪，不出一心之海。良由一心動作六道，故得發宏濟之願。六道不出一心，故得起同體大悲。如是遣疑，得發大心。開二種門，遣次疑。明諸教門雖多，初入修行，不出二門。依眞如門，修止行；依生滅門，起觀行。止觀雙運，萬行斯備。入此二門，諸門洞達。如是遣疑，能起修行。○邪執亦二，卽我法二執。眞如界內，不立一塵。本來無我，衆生妄執爲我；本來無法，衆生妄執有法。由有二執，故障人法二空眞理。第五因緣：善護其心，遠離癡慢，出邪網故；正遣此執。綜上除疑令悟眞樂，捨執令離苦因，俱屬離過益。○起大乘正信句：令得成行益。既於眞不疑，於妄不執，方得於大乘根本法中，發起正信。亦卽翻前疑字，故云信。翻前邪字，故云正。下文分別發趣道相，及修行信心分，皆成此行也。○佛種不斷故者：意之所歸也。令衆生離過成行，信心滿足，得入初住，證位不退；生如來家，爲法王子，能紹佛位；故云佛種不斷。卽下文信成就發心者，畢竟不退，入如來種中，正因相應等。○又種因也，由此所說，令諸衆生，修行佛因，常不斷絕。如華嚴經云：下佛種子，於衆生田，生正覺芽；是故能令佛寶不斷，此之謂也。故字，與偈首爲字相照應，造論卽所爲二意故，此外無他。四歸敬述意竟。

甲五　正立論體　三　乙初　顯益起說　二　擧數標章　三　依章別解

論曰：有法能起摩訶衍信根，是故應說。

論曰：揀異經律之辭。有法一句，顯所說義，有大勝益。是故一句，指能詮教，殊難緘默。有法：卽論所依宗本；謂一心法，具二門三大義故，正示所宗，乃所說法體。摩訶衍，此云大乘；所宗心法，卽是大乘。能信此心，卽是信根。信心眞如門，正理決定；信心生滅門，業用不亡。二門不出一心，一心具足三大。信而言根者，謂信滿入住，得位不退。根有二義：一能持義，自分不失；二生長義，勝進上求。是故二字，如是勝益，皆以有法之功能，爲能起故，則說不容緩也，故曰應說。論題依此而立。初顯益起說竟。

乙二　舉數標章

說有五分。云何爲五。一者因緣分、二者立義分、三者解釋分、四者修行信心分、五者勸修利益分。

有五分者：舉章數也。云何下標章名。分者：章段各別，分齊分明。五分輾轉相因：一、法不孤起，應機施化，製必有由。二、由致既彰，宜標綱要，令識所宗。三、宗要幽深，自應廣釋，令物生解。四、雖解法義，非行莫階，自必解行相應。五、正行既立，鈍根懈慢，自必舉益勸修。此五論之章段，如經之三分。一因緣卽序分，中三段合爲正宗分，後勸修卽流通分。二舉數標章竟。

乙三　依章別解 即爲五　丙一　因緣分 二　丁一　牒章名 二　顯因緣

初說因緣分。

牒章名可知。

丁二　顯因緣 二　戊一　問答直顯 二　問答遣疑

問曰：有何因緣，而造此論？答曰：是因緣有八種。云何爲八？一者，因緣總相。所謂爲令衆生，離一切苦，得究竟樂。非求世間名利恭敬故。

此初番問答。答中先舉數，次辨相，後總結。辨相中，初一是總，餘七爲別。總有二義：一菩薩所修諸行，均爲衆生與樂拔苦，不獨在於造論一端。二、此一因緣，乃與一論作發起之由。衆生，指凡外權小。以凡夫外道，迷此一心，以招界內苦苦、壞苦、行苦，分段生死之果。小乘權敎，迷此一心，未離界外微苦，變易生死之報。今開示此心，欲令衆生信解修行，得證究竟菩提覺法之樂，究竟涅槃寂滅之樂，非欲令其求於後世人天利樂等故。末句、若約菩薩自說，我爲益生，故造斯論，非求己身名利恭敬也。

二者爲欲解釋如來根本之義，令諸衆生正解不謬故。

別中有七，各別發起下文。此與立義分，及解釋分三段之中，顯示正義對治邪執二段，作發起因緣。彼文云：依一心法，有二種門，是二種門各皆總攝一切法。當知一切法不出二門，二門不離一心。一心，卽如來所說一切法根本之義，以一心無法不攝故也。○又此具本始二覺，本覺眞理名如，始覺實智名來，衆生未起始覺無分別智，是如而無來。今依此一心本覺之理，而起始覺之智，還契本覺之理。本始合一，究竟成佛，名曰如來。是一心卽如來，如來卽根本之義，文中具釋此義。諸衆生指地前三賢，信解行位菩薩。比觀相應，故云正解，卽顯示正義文是也。捨離倒執，故云不謬，卽對治邪執文是也。

三者爲令善根成熟衆生，於摩訶衍法，堪任不退信故。

此與下解釋分第三段，分別發趣道相，而作因緣。彼文令利根者，發決定心，進趣大道，堪任住於不退位故。此當十信滿心，自分已定，故云善根成熟。入十住正定聚，使前信心不退，故云堪任不退信故。

四者，爲令善根微少衆生，修習信心故。

此與下修行信心分中四種信心、五門修行中前四門，而作因緣。彼文中是依未入正定聚衆生，故說修行信心。以信位未滿，故云善根微少。令進修滿足，故云修習信心故。

五者，爲示方便，消惡業障；善護其心，遠離癡慢，出邪網故。

以下四種因緣，當信位初心，以根劣故，易退難進。賴多方便，始能成益。此當下品，與下修行信心分中第四門末文，而作因緣。以彼文中，爲業重惑多衆生，善根難發，示令禮懺等方便，消惡業障；善自護持其心，癡慢不起；得出邪魔罥網故。

六者，爲示修習止觀，對治凡夫二乘心過故。

此當中品，與下第五修行止觀門，而作因緣。彼文雙明止觀，教令修習，遣凡小二過。如云若修止者，對治凡夫住著世間，能捨二乘怯弱之見。若修觀者，對治二乘不起大悲狹劣心過，遠離凡夫不修善根；故云對治心過。

七者，爲示專念方便，生於佛前，必定不退信心故。

此當上品，與下修行信心末，勸修淨土，八行許文，而作因緣。以彼衆生，恐後報還，不得值佛，遇緣成退，舉勝方便，專意念佛，回向願求得生佛前，常見佛故，終無有退。故云必定不退信故。

八者，爲示利益，勸修行故。

此與下勸修利益，而作因緣。爲懈慢衆生，舉彼損益，令捨損就益。卽總策成前諸行也。

有如是等因緣，所以造論。

總結可知。一問答直顯竟。

戊二 問答遣疑 二 己 初問 次答

問曰：修多羅中，具有此法，何須重說？

問：如上八種因緣所示之法，如所立法義，乃至勸修利益；如是等法，契經具說，皆爲衆生離苦得樂，何須重爲造論更說？詎非爲求名利等耶？

己次答 二 庚一 舉根緣二相以立宗 二 釋根緣二相以遣疑

答曰：修多羅中，雖有此法，以衆生根行不等，受解緣別。

修多羅：此云契經，謂契理契機。經中雖有此法，散在廣藏。因衆生之根有利鈍，受解之緣有勝劣故。

庚二 釋根緣二相以遣疑 二 辛一 說聽俱勝 二 根緣微劣

所謂如來在世，衆生利根，能說之人，色心業勝，圓音一演，異類等解，則不須論。

前二句明聽衆勝，次二句顯說者勝。圓音一演，亦成說勝；異類等解，亦成聽勝；則不須論，結俱勝義。衆生積集善根，得與如來同生，故云利根。能說人佛也；色心：總指如來三輪，業用殊勝，不可思議。圓音：則別舉口輪。圓音卽是一音，佛之音聲，圓滿普徧，都無宮商之異，有何平上之殊。一音卽一切，故云圓音；一切音卽一，故云一音。佛由圓音作增上緣，隨根差別現衆多聲。猶如滿月，惟一圓形；隨水差別而現多影。契經云：佛以一音演說法，衆生隨類各得解。故云圓音一演，異類等解。既已等解，又何須重爲造論。此約佛世如是。一說聽俱勝竟。

辛二　根緣微劣　三　壬一　廣略二經　二　廣略二論　三　明教之異

若如來滅後，或有衆生，能以自力，廣聞而取解者。或有衆生，亦以自力，少聞而多解者。

如來滅後，衆生根緣微劣。分四種：此二，依經而得解者。自力：卽自心聞慧解義之力用。或廣聞經教，得解佛意；或少聞經文，備解諸經義味；均不須論。

壬二　廣略二論

或有衆生，無自智力，因於廣論而得解者。亦有衆生，復以廣論文多爲煩，心樂總持少文而攝多義，能取解者。

此二，依論方取解者。無自智力：即直依佛經，無自心聞慧解義之智力，因於智度瑜伽等廣論，方解佛經意趣者。或有厭煩樂略之機，不耐繁文，惟約文約義豐之論，深解佛經所說之旨者。此機爲教興所以。

壬三　明教之興

如是，此論爲欲總攝如來廣大深法，無邊義故，應說此論。

如是通指前之四機，此論下別爲後一。爲欲普攝如來大乘經論，廣大深法，無邊妙義，應彼第四種，心樂總持少文，而攝多義者，故說此論。所謂總百部大乘奧義，包括無遺。揭一眞法界理體，如觀掌果。誠入道之要門，修行之妙旨也。一因緣分竟。

丙二　立義分　三　丁一　結前起後　二　標徵列名　三　依名辨相

已說因緣分，次說立義分。

結前起後可知。

丁二　標徵列名

摩訶衍者，總說有二種。云何爲二？一者法，二者義。

法者大乘法體，義者大乘名義。初立法者，起下釋中，初釋法體之文。次立義者，起下釋中，復次眞如自體相者，以下之文。

丁三　依名辨相　二　戊一　出法體　二　彰名義　初中二　己一　就體總立　二　開門別立

所言法者，謂衆生心，是心則攝一切世間法，出世間法。

依於此心，顯示摩訶衍義。

自體名法，法卽一眞法界大總相法門體，亦卽如來藏心。此法衆生等具，故言法者謂衆生心，此出法體也。是心則攝一切者，顯大乘心法，圓融含攝，染淨具該，此辨法功能也。依於此心，顯示摩訶衍義者，謂依此一心，宗本法上，具足三大，故有大義。有二轉運，故有乘義。此釋法名義也。

己二　開門別立

何以故？是心眞如相，卽示摩訶衍體故。是心生滅因緣相，能示摩訶衍自體相用故。

何以故？徵起之辭。含有二意應徵：一、心通染淨，大乘唯淨。二、心法是一，大乘義廣。如何此心能顯大乘之義？下釋意云：大乘之體雖淨，相用必對染成。今生滅門中，旣具含染淨，故能顯也。又心法雖一，而有二門。眞如門中，示大乘體。生滅門中，具示三大。而大乘之義雖廣，莫過是三，故得顯也。言是心眞如者，總舉眞如門，起下卽是一法界大總相法門體以下文也。相，卽眞如中，如實空、如實不空，二種相；亦卽起下復次眞如者，依言說分別，以下文也。言是心生滅者，總舉生滅門，起下依如來藏，故有生滅心，以下之文。因緣者：是生滅因緣，起下復次生滅因緣以下之文。相者：即是生滅相。一者麤，與心相應；二者細，與心不相應；亦即起下復次生滅相者，以下之文。今眞如門中云即示，生滅門中云能示。以眞如即所顯大乘體，無有異相，故云即示。生滅依眞如起，染淨既分，詮旨各別，故不云即，而云能示也。◯自體相用者：體，即生滅門中之本覺心，是生滅之自體，爲生滅之因依。故在生滅門中，亦得辨體也。相，即如來藏中無量性功德相。用，即如來藏中不思議業用。並在此門，故下釋生滅門，具顯所示三大之義。◯又自體相用者，以所示三大義，還在能示生滅門中，顯非別外，故云自也。◯問：眞如門，但即示於體；而生滅門，應唯示相用，何亦兼自體耶？答：眞如是不起門，既無所起，故唯示體大，生滅是起動門，所起必含能起，故具示三大也。一出法體竟。

戊二　彰名義　二　己一　明大義　二　顯乘義

所言義者，則有三種。云何爲三一者體大，謂一切法，眞如平等，不增減故。二者相大，謂如來藏，具足無量性功德

故。三者用大，能生一切世間出世間，善因果故。

首二句標，下釋得名之義。此起下復次眞如自體相者，以下之文。體大者：眞如體性，廣大洪深，爲一切法之所依，故受大名。一切法，不出聖凡染淨。此體在聖不增，在凡不減。又隨染不增，還淨不減。不爲染淨所虧，聖凡所易，故云平等不增減故。○相大者：卽二如來藏中，不空如來藏，具足無量性功德，故受大名。功德而言性者，所有功德，皆稱眞如體性而起。相不離性，如八功德水，不離於水也。○用大者：謂不思議業用，卽下文報化二身，麤細之用。令諸衆生，始成世善，終成出世故也。問：何故唯言善因果？不云不善也？答：以不善法違眞故，是所治故。又復當知，雖違眞亦不離眞，但以違眞故，非其用也。一明大義竟。

己二　顯乘義

一切諸佛，本所乘故。一切菩薩，皆乘此法到如來地故。

此釋乘義。非以他法爲乘，卽以一心二門三大之義爲乘。上標果望因，謂諸佛乘此，已成正徧知覺。下舉因望果，謂一切菩薩，皆乘此法，到於如來究竟無餘涅槃之地。即以始覺之智爲能乘，本覺之理爲所乘也。二立義分竟。

丙三　解釋 三　**丁一　結前起後　二　標徵列名　三　依名辨相**

已說立義分，次說解釋分。

結前起後可知。

丁二　標徵列名

解釋分有三種。云何爲三？一者顯示正義，二者對治邪執，三者分別發趣道相。

首句標，二句徵，下列名。顯示正義者：正釋所立大乘法義，即一心二門也。對治邪執者：以大乘法藥，對治我法二種邪執之病；由大乘正理既明，我法邪執自遣故。分別發趣道相者：邪執遣已，庶可與辨發起趣向佛道階級之相。二標徵列名竟。

丁三　依名辨相 即爲三　**戊一　顯示正義　二　對治邪執　三　分別**

發趣道相 初中二 **己一 總釋 二 別釋**

顯示正義者，依一心法，有二種門。云何爲二？一者心眞如門，二者心生滅門。是二種門，皆各總攝一切法。此義云何？以是二門，不相離故。

顯示者：顯明指示。正義者：卽一心二門之義。二門不出一心，故言依一心法，有二種門。此論依楞伽等經所造，今一心二門之義，亦依經而立。經云：寂滅者名爲一心，一心者名如來藏。此中心眞如門，以一切法無生無滅，本來寂靜，唯是一心；卽彼經寂滅者名爲一心義。此中心生滅門，隨緣起滅，以本覺隨熏轉動，成於染淨；如來之性，隱而不顯；卽彼經一心者名如來藏義。〇又本覺心，雖成染淨，性恆不動；卽生滅門中，自體是也。又如來藏者，是善不善因，能徧興造一切趣生。譬如技兒，變現諸趣。如是之義，如下文言：心生滅者，依如來藏故有生滅心，乃至此識有二種相：一者覺義，二者不覺義。當知非但取生滅心，爲生滅門；通取生滅自體，及生滅相，皆生滅門義也。〇二門如是，何謂一心？謂染淨諸法，其性無二；眞妄二門，其體不別；故名爲一。卽此無二不別，諸法中實，不同虛空，性自神解，故名爲心。〇言皆各總攝一切法者，釋上立義分中，是心則攝一切世間法，出世間法。〇但上直明心攝一切法，今言二門皆各總攝一切法。此義云何？徵而釋之。下以是二門不相離故，卽釋皆各總攝之義。〇以眞如門，是染淨通相，通相之外，無別染淨，故得總攝諸法。喻如微塵是瓦器通相，瓦器皆爲微塵所攝，眞如門亦如是，眞如能攝生滅，生滅之相，不離眞如之性。〇以生滅門，是染淨別相，別相之法，生滅所攝。亦由眞如是善不善因，與緣和合，變作而有。雖實變作諸法，而恆不壞眞性，故於此門，還攝眞如。喻如微塵聚成瓦器，而常不失微塵之性。生滅門亦如是，眞如之性，不離生滅之相。〇問：二門旣各互攝，何以前眞如門，但示摩訶衍體；生滅門，具示自體相用耶？答：此中攝義，與前示義異故。眞如門是泯相顯理，此泯相不除，故得兼攝生滅門。前泯相不存，故唯示於體大也。生滅門是攬理成事，此不離理而成事，故得兼攝眞如門。前雖成事不壞理，故得具示三大也。須知二門攝義是齊，示義有異。一總釋竟。

己二　別釋　二　庚一　別釋二門顯動靜不一　二　會相入實顯動靜

不異　初中二　辛一　眞如門　二　生滅門　初又二　壬一　擧如體離言以明觀智境　釋上眞如義　二　約依言辨德以明生信境　釋上眞如相　初又二　癸一　總擧法體　二　問答釋疑　初又二　子一　正顯如體　二　會執釋名

心眞如者，卽是一法界大總相法門體。所謂心性不生不滅。

此標列名體，首句標名，下列體。一法界者，卽無二眞心，平等一相，爲萬法之所因依，界卽因義。一切聖凡依正因果，莫不依此而得建立。無法不收，無法不攝，故云大。不取別相，故云總相。法者，軌生物解。門者，通入涅槃。擧此一心，通攝二門，二門不出一心。爲顯是義，故言體也。今約眞如門心性，雖擧體隨緣，而全體不變，不變則生實不生。生既不生，滅亦不滅，三際平等，常住不動。

一切諸法，唯依妄念而有差別。若離心念，則無一切境

界之相。

此會妄顯眞。承上既言心性不生不滅，云何現有諸法？既有諸法，何謂性不生滅？故釋云：一切諸法，本來無實；但因最初一念不覺，迷眞起妄，妄有一切境界，差別之相。一念未動以前，惟是一眞法界，此約根本而論。若就現前諸法差別之相，唯依衆生，徧計執情所作，妄計實有；如依病眼，妄見空華。空原無華，見病所成，若離見病，華本無有。故云若離心念，則無一切境界之相。

是故一切法，從本已來，離言說相，離名字相，離心緣相，畢竟平等，無有變異，不可破壞，唯是一心，故名眞如。

此結妄歸眞。一切法乃依他性，衆生不了依他如幻，妄起徧計執性。是故二字，承上是所執本空故。一切法從根本來，惟是一心。非言說音聲之可表，非名字文句之得詮，非心緣念慮之能及。言語道斷，心行處滅，故皆離之。上三句離妄名眞，下三句離異名如。一切諸法，一味一相，畢竟平等。雖通染淨，其性不改，故云無有變異，由不異故不壞。如法華云：是法住法位，世間相常住。故結歸法體，惟是一心。末句依義立名。正顯如體竟。

子二　會執釋名

以一切言說，假名無實，但隨妄念。不可得故。言眞如者，亦無有相。

以因也，承上眞如平等；因言說惟是假名，都無實義。又言說但隨妄念而有，自體本不可得。上二句明言教非實，中二句明無實所以。此文恐凡愚致疑，上文既云離名字相，何以復立眞如名，豈不自語相違，故以假名遣之，則不相違。末二句，非特無名，卽言眞如，亦復無相，以名相俱屬徧計所緣。楞伽云；名相常相隨，而生諸妄想，故雙遣也。

謂言說之極，因言遣言。此眞如體，無有可遣；以一切法，悉皆眞故。亦無可立；以一切法，皆同如故。

問：旣名相雙遣，但立假名，何故不立餘名，唯云眞如耶？答：眞如者，是言說之極名。無名立名，强名眞如。此名之外，更無有加。如攝論中十種名，眞如是第十究竟名，故云極也。◯因言遣言者：以此極名，遣一切名言之執。若無此名，無以遣名。若存此名，安得離名。如禪堂止靜聲，以聲止聲，自聲亦止。若無此聲，不止餘聲；若存此聲，不得全靜；眞如之名亦爾。必要依此遣言之言，乃得顯其理之絕言。卽此遣言之言，亦是假名，非實有眞如之相可名也。◯此眞如體，無有可遣者：前雖雙遣虛妄名相，此眞如實體，本無可遣。何以故？以是妙智境故。一眞一切眞，無僞無妄，無法可遣也。旣無可遣，自應可立，然亦無可立。何以故？離妄情故。一如一切如，不別不異，無法可立也。◯又非以眞體遣生滅法也。何以故？以生滅門中，染淨諸法，本無自性，全體卽眞，故不待遣也。遣旣無遣，立亦不立。何以故？以一切生滅等法，不壞差別相，本來同如，故不待立也。若有遣立，心外有法，終成對待。何以得成，眞俗圓融，一心中道，絕待之理。曰無可遣者，以俗卽是眞故。無可立者，以卽俗之眞本現故。喩如眞金之與金器，何遣何立。

當知一切法，不可說，不可念，故名爲眞如。

此結以有如是義故。當知法法皆眞，法法皆如。口欲談而詞喪，心欲緣而慮亡。離言絕思，究竟離相，故名眞如。總擧法體竟。

癸二　問答釋疑

問曰：若如是義者，諸衆生等，云何隨順，而能得入？答曰：若知一切法，雖說，無有能說可說；雖念，亦無能念可念，是名隨順。若離於念，名爲得入。

先問次答，問意疑眞絕修。首句承上起下，隨順問方便觀，得入問正觀。云何二字，疑二觀何自而修？答意擧眞勸修。先明無說而說，無念而念；故曰雖說雖念；非滅於說念，以離斷見也。無有能說可說，能念可念者；明說卽無說，念卽無念，以離常見也。此迥絕能所，不落斷常。能如是知，卽隨順中道之方便觀也。○若久觀純熟，得離妄念，契彼無念眞理，卽正觀也。正觀而云得入者，以如如智，契如如理。智爲能入，理爲所入。華嚴云：甚深眞法性，妙智隨順入故也。初舉如體離言，以明觀智境竟。

壬二　約依言辨德以明生信境　二　此釋上眞如相

癸一　舉數開章

二　依章別釋

復次，此眞如者，依言說分別，有二種義。云何爲二？一者如實空，以能究竟顯實故。二者如實不空，以有自體，具足無漏性功德故。

舉數中依言說有二義，義卽相也。前顯離言，卽唯一體。今乃依言，則有二相。不可隨言執取也。但爲生物信解，示現依言求解故。云何下開章。如實空者，非如實之體空，乃稱一眞實理之中，空諸妄染。以妄染空故，遂能顯示實理，故云究竟顯實也。〇如實不空者：言如實體中，雖空無妄染，自體不空。異妄無體，故云有自體。異恆沙有漏煩惱，故云具足無漏性功德。故佛性論云：由客塵空故，與法界相離。無上法不空，與法界相隨。是則妄染雖空，德相不空也。舉數開章竟。

癸二　依章別釋　即爲二　**子一　明如實空義　二　明不空之義**

所言空者，從本已來，一切染法不相應故。謂離一切法差別之相，以無虛妄心念故。

此略明眞如離染，即以離義而釋空也。一切染法不相應者：總舉能所分別，皆不相應。謂字指釋之詞，釋上不相應義。離差別相者：絕所取境故。以無妄念者：絕能取心故。倒心妄境，情有理無；眞如之德，理有情無；故不相應。又心境俱絕，能所兩亡，故言如實空耳。

當知眞如自性，非有相，非無相，非非有相，非非無相，非有無俱相。非一相，非異相，非非一相，非非異相，非一異俱相。

此廣釋空義。眞如自性，離過絕非。衆生妄執，雖有多途，總攝不出此二四句。四句卽成四謗：有是增益謗，無是減損謗，雙亦相違謗，俱非戲論謗。四謗卽成四過，如廣百論云：復次爲顯世間所執諸法，皆非眞實；及顯外道所執不同。故說頌曰：有非有俱非，一非一雙泯，隨次應配屬，智者達非眞。彼論廣破四宗外道，此約外人轉計，不盡同也。言非有相者，明眞離妄有，故說非有。雖說非有，亦非是無。恐惑者，轉計旣非是有，卽應是無，故說非無。又恐惑者，旣聞有無俱非，遂執俱非是眞如法；故說非非有，非非無。又恐惑者，以俱非若存，有無隨喪，今俱非雙非，有無還立，遂執亦有亦無；故說非有無俱相。俱相卽雙亦相，意同字別。一異準此可知。今四相全非，卽四過咸離，百非盡絕，足顯眞空之體耳。

乃至總說，依一切衆生，以有妄心，念念分別，皆不相應，故說爲空。若離妄心，實無可空故。

此結顯空義，前順結，末二句反結。以眞如實體，非思量分別之所能及。衆生種種妄心，念念分別，俱屬徧計執性，與此眞體皆不相應。今爲遣妄心，故說爲空，非謂眞體亦空。若離妄心，諸法無寄，一念不生，當體寂滅。法旣不有，空無可空，故云實無可空也。一明如實空義竟。

子二　明不空之義

所言不空者，已顯法體空無妄故，即是眞心。常恆不變，淨法滿足，則名不空。亦無有相可取。以離念境界唯證相應故。

此別明不空，非有別法。即牒前空門已顯法體，空無妄染，自體不空，即是眞心常恆不變之實體。而此體中，本具恆沙淨德，向被妄染遮障，不得顯現。若妄染已空，則本有淨法，圓滿具足。以是義故，則名不空。雖名不空，妙有非有，與空無二差別，非同情執之有，故云亦無有相可取。末二句釋無相所以，若妄念所緣境界，則是有相。以離念無分別之境，唯無分別智所證，乃得相應故。一眞如門竟。

辛二　生滅門　二

壬初　釋生滅心法　二　辨所示之義　初中二

癸一　染淨生滅　二　染淨相資　初又二

子一　就體總標　二

依義廣釋

心生滅者，依如來藏，故有生滅心。

此標體。言如來藏者，卽不生不滅之眞如心。以此心寂滅湛然，故云不生；究竟常住，故云不滅；不妄不變，故名眞如。一切如來，恆沙淨德，無不含藏此中，故名如來藏。而此藏性本無生滅，而爲生滅所依。楞伽云：如來藏，爲生死因，若生若滅，故云依如來藏，故有生滅心；謂不生滅自性清淨心，因無明風，動作生滅。然此二心，竟無二體。如不動水，爲風所吹，而作動水。動靜雖殊，水體是一。亦得言依靜水故，有其動水，此中道理亦爾。生滅心，正謂識藏。今通取所依如來藏，與能依生滅心，合爲生滅門。非棄如來藏，獨取生滅心，爲生滅門也。以此門有二義，故能示三大，是故通攝所依，亦入此門也。

所謂不生不滅，與生滅和合，非一非異。

此辨相。所謂二字，承上指釋之詞。不生不滅，卽如來藏清淨心，動作生滅，不相捨離，故云與生滅和合。非謂別有生滅，來與眞合。以生滅之心，卽心之生滅，本無二相；心之生滅，因無明成，生滅之心，從本覺起，亦無二體：故云和合。如下文云：如大海水，因風波動；水相風相，不相捨離。乃至廣說：水之動不離於風相，風之動不離於水相，心亦如是。不生滅心擧體動故，不離於生滅。生滅之心全體眞故，不離不生滅。如是不離，名爲和合。此乃隨緣門，不生滅心與生滅合；非是向本門，生滅心與不生滅合。◯非一非異者：眞心全體動故，而成生滅，則心與生滅非異。雖成生滅，其體恆常不變，故與生滅非一。若是一者，生滅識相滅盡之時，眞心應滅，則墮斷過。若是異者，依無明風熏動之時，眞心之體，應不隨緣，則墮常過。離此二邊，故非一異。依楞伽經，以七識染法，爲生滅；以如來藏淨法，爲不生滅。此二和合，爲阿梨耶識。以和合故，非一非異。◯又若一者，眞隨妄滅，則無和合。若異者，眞不隨緣，亦無和合。正由非一非異，故得和合也。如經云：譬如泥團非異非不異，金莊嚴具亦如是。若泥團微塵異者，非彼所成。而實彼成，是故非異。若不異者，泥團微塵，應無差別。金莊嚴具，與此中理趣，可準思之。若廣釋具在別記。

名為阿黎耶識。

此立名。然生滅不生滅，雖有二義，實無二體。即合此二義不二之心，名為阿梨耶識。又阿梨耶，亦名阿賴耶，但梵音楚夏之別。梁眞諦三藏，訓名翻為無沒識。唐玄奘法師，就義翻為藏識；藏是攝藏義，無沒是不失義，義一名異也。又名阿陀那識，經云：阿陀那識甚深細，習氣種子成暴流，眞與非眞二恐迷，我於凡愚不開演。正以生滅不生滅和合，不可言眞，亦不可言非眞。良由最初一念妄動，轉如來藏而為識藏，能生轉識諸波浪，論主立此識，為生法之本。能藏諸法於自體內，又能藏自體於諸法中。諸法自體，不一不異。下之三細六麤，五意六染，皆此識變；正顯萬法唯識也。若返妄歸眞，至二種我見永不執位，即失賴耶名。一就體總標竟。

子二　依義廣釋　三　丑一　釋上心生滅義　二　復次生滅因緣者下　釋上生滅因緣　三　復次生滅相者下　釋上生滅之相　初中二　寅一　辨德列名　二　按名別釋

此識有二種義，能攝一切法，生一切法。云何爲二？一者覺義，二者不覺義。

此依眞妄和合，釋此識有二種義，以顯迷悟因依也。二義：卽覺不覺二義，同在生滅門中。然眞如亦有二義：一不變義，二隨緣義。無明亦有二義：一無體卽空義，二有用成事義。各由初義故，成上眞如門。各由後義故，成此生滅門。謂此識，本如來藏，不生滅心，隨緣所成；而爲衆生本有之佛性，故云覺義。由無明風動，妄成生滅，障蔽本有之佛性，故云不覺義。◯問：此一識有二義，與上一心有二門何別？答：上一心具二門：約不變自性絕相義，成眞如門；約不守自性隨緣義，成生滅門。今此但就隨緣義邊，染淨理事，無二之相，明此識也。是則前一心義寬，該收於二門。此一識義陿，局在於一門。◯問：此中本覺？與上眞如何別？答：眞如約體絕相說，本覺約性功德說。此爲翻染所顯，下文云：本覺義者，對始覺義說；乃至依不覺故，說有始覺；故在生滅門中攝。而眞如門中，無翻染等義，故與此不同。是故體相二大，俱名本覺，並在生滅門中。故前立義分中，眞如門卽示體大，生滅門能具示三大也。○言能攝一切法者，謂聖凡依正，染淨因果，皆依此識而得建立，含攝無遺，故云攝一切法；卽萬法唯識也。然上二門云，皆各總攝。此不云各者，以二義陿於二門故，但明一識。由含二義，故攝一切。不言二義，各攝一切。又上但云攝不云生者，以眞如門，無能生義故。此言生一切法者，由此識以不覺熏本覺故，生諸染法，流轉生死。以本覺起始覺故，生諸淨法，趣證涅槃。依此二義，偏生一切染淨諸法，故云能生。此文卽起下四種熏習之文，非但染淨相熏，能生諸法。亦乃諸法生已，不離此心，爲此心所攝也。○云何爲二，寄問之詞，下列名。一辨德列名竟。

寅二　按名別釋　三　**卯一　辨覺義**　乃約淨法明心生滅　**二　辨不覺義**　乃約染法明心生滅　**三　辨同異**　初中二　**辰一　略辨始本二覺**　**二　廣顯二覺之相**

所言覺義者，謂心體離念。離念相者，等虛空界，無所不偏。法界一相，卽是如來平等法身。依此法身，說名本覺。

此明本覺體，卽衆生本有不迷之佛性。人人具足，個個圓成，實諸佛之法身。今在迷位，名爲本覺，亦稱如來藏；經云：如來藏轉三十二相，入一切衆生身中，故曰衆生本來是佛。此之心體，雖迷不失。以衆生從來不曾離念故，不得顯現。若能離念，則無不覺之闇。非唯無闇，乃有大智慧光明，徧照法界。本體廓周，湛然常住，如太虛空，無所不徧。一切妄念，差別諸法，融成一味。唯法界一相，更無對待，卽此是如來平等法身。在聖不增，在凡不減。衆生本有，理非新成。依此法身，說名本覺。

何以故？本覺義者，對始覺義說，以始覺者，卽同本覺。

此釋本覺義。何以故徵詰之詞，有二意：一、上文直云覺義，今何故乃名本覺？二、此中旣稱本覺，上何故直云覺耶？此乃進追徵詰，別顯從迷返悟，要依始覺之智爲張本也。然約覺性不迷，但直名覺。今約在迷，一向不覺；特由本覺內熏之力，發起始覺；復由始覺有功，方顯本覺。本覺者，是衆生本有之佛性。此性今日方覺，而非新生。故云本覺義者，對始覺說，對始故說爲本。此答初意也。又以始覺依本覺起，返流還淨，先覺滅相，漸漸覺至生相，生相既破復歸一心，始本不二。故云始覺者，卽同本覺。由同一覺故，上文得直稱爲覺。此答後意也。譬如醒人而有睡夢，從夢覺者，卽本醒人，非別有他人。本始二覺，而無異體，亦復如是。◯問：若始覺異本，則不成始：若始同本，則無始覺之異？答：今在生滅門中，約隨染義，形本不覺，說於始覺。若覺至心源，染緣既盡，本始合一，平等絕言，卽眞如門攝。是故本覺之名，在生滅門中也。又本覺得名所以，詳在海東疏二卷十六頁。

始覺義者，依本覺故，而有不覺。依不覺故，說有始覺。

此明始覺義，首句牒名，下釋得名所以。謂此覺性，隨無明緣，動作妄念，妄不離眞，故云依本覺故，而有不覺。復由本覺內熏之力，破迷發悟，厭生死苦，樂求涅槃，故云依不覺故，說有始覺。如從夢覺，覺不離夢。下文本覺隨染，生智淨相者，卽此始覺也。◯此中大意，本覺成不覺，不覺成始覺。始覺同本覺故，則無不覺。無不覺故，則無始覺。無始覺故，則無本覺。無本覺故，平等平等，離言絕思，惟是一心。略辨始本二覺竟。

辰二 廣顯二覺之相 二 **巳一 始覺 二 本覺**

午一　總標滿分二義　二　別辨差別四相　三　結明不異本覺

又以覺心源故，名究竟覺。不覺心源故，非究竟覺。

覺，卽始覺之智。心源者，一心本源也。又生相無明，爲染心之源。最初一念不覺，三細六麤，五意六染，從迷積迷，以歷塵劫。今返染還淨，必假始覺有功，覺破生相，復歸一心。始本不二，法身全顯，名究竟覺；此在佛地。若金剛以還，未至心源，始未同本，皆非究竟也。總標滿分二義竟。

午二　別辨差別四相　二　未一　正寄四相顯位　二　引釋心源無念

先述大意後釋論文

此四相：但約眞心隨熏，麤細差別，寄說爲四。非約一刹那心，明四相也。今就始覺返流還淨，始終生住異滅四相，以明從凡至聖，始覺漸次之分齊。若總論心性，本來離念，無生無滅，由無明力，迷自心體，違寂靜性，鼓動起念，從細至麤，乃有生住異滅四相。微著不同，前後際異。前際最微，名爲生相。後際最著，名爲滅相。故佛性論云：一切有爲法，約前際與生相相應，約後際與滅相相應，約中際與住異相相應。此乃總說。○若別說四相，復有差別。生相唯一，住相有四，異相有二，滅相還一。生相一者：名爲業相：由無明力，轉彼淨心，不覺心動，而有其念。但相見未分，最極微細，謂之生相，唯佛能知。卽下文三細中初一，六染中後一，五意中第一，皆此生相攝。○住相四者：一名轉相：由無明力，不覺前之動相卽無動故，轉本有智光，而成能見之妄見。二名現相：由無明，依前能見，不了無相，於晦昧空中，結暗爲色，色雜妄想，想相爲身，遂令身境妄現。此二及初謂之三細，並在賴耶位，屬不相應心。三名智相：由無明迷前自心所現之境，妄起分別染淨之相，故云智也。四名相續相：由無明不了前所分別，空無所有，更復起念，相應不斷。此二同在分別事識，細分之位，屬相應心。無明與前生相和合，轉彼淨心，乃至此位，行相猶細，法執堅住，名爲住相。下文三細中後二，及六麤中前二，五意中後四，六染中中四，皆此住相攝。○異相二者：一執取相，二計名字相。由無明迷前違順染淨之法，更起貪瞋人我見愛，執相計名，取著轉深。此在事識麤分之位。無明與前住相和合，轉彼淨心，至此行相稍麤，名爲異相。下文六麤中二，及六染中一，并五意後之意識，皆此異相攝。○滅相一者：名起業相：由無明不了善惡二業，定招苦樂二報，循名造種種業，依業受報，輪轉諸趣。以無明力，轉彼淨心，至此最後際，行相最麤。周盡之終，名爲滅相：下文六麤中第五是也。以果報非可斷，故不論第六相。○當知始終四相，唯一夢心。皆因根本無明，不覺之力，起生相等種種夢念，動彼淨心，轉至滅相。長眠三界，往還諸趣。今由本覺不思議熏習力，起厭求心。及眞如所流聞熏教法，熏於本覺，益性解力，損無明能，漸向心源。始息滅相，終破生相，朗然大悟，覺了心源，本來平等。究其始終，竟無前後，唯是一心。故說四相俱時而有，皆無自立也。然未窮源者，隨行淺深，姑顯四位。四位各有四義：一能觀人，二所觀相，三觀利益，四觀分齊。

此義云何？如凡夫人，覺知前念起惡故，能止後念，令其不起。雖復名覺，即是不覺故。

首句徵釋上究竟不究竟義。二句是能觀人，當十信位。三句明所觀相，以未入十信，念念起惡，而不覺知；今入信位，能知惡業定招苦報，故言覺知；此覺滅相也。能止後念令其不起者，辨觀利益。前不覺時：常起身口惡業，今既覺已，即就前念滅處，止其後念之惡，更不容起。止之又止，能令惡念永消，此止滅相也。末二句，結觀分齊，能知滅相是惡，令其不起。名爲雖覺，而猶未知滅相是夢，故云不覺。以其但在生滅心中遏捺，未見不生滅性。約後六麤，此當覺起業相。◯問：此中覺卽不覺，覺異相等，何不立不覺之名？答：若據覺前不覺後，乃至十地，皆屬不覺。若約覺業不覺惑，此位正名不覺。

如二乘觀智，初發意菩薩等，覺於念異，念無異相，以捨麤分別執著相，故名相似覺。

首二句能觀人。二乘作生空觀，破分別我執。觀智：卽人空智。初發意菩薩：卽十解初發心住也。等者：等三賢中後二十九位。此菩薩雖留惑故，不證人空，而於人空，實得自在，故與二乘同論。覺於念異者：明所觀相，如上所說：二種異相，分別內外，計我我所，貪瞋見愛等。以彼淨心，爲無明所眠，夢於異相，起諸煩惱。此二種人，觀智相應，於異相夢，乃得微覺，故云覺於念異。既覺異相之夢，所夢異相，永不可得；卽念無異相。而貪瞋等麤分別，違順之執著相，悉皆能捨，此觀利益。名相似覺者：以異相之夢雖覺，猶眠在住相夢中。菩薩未至證位，二乘不了法空，故曰相似；此結觀分齊也。若約後六麤，此當覺執取相，計名字相。

如法身菩薩等，覺於念住，念無住相。以離分別麤念相故，名隨分覺。

初句能觀人。法身者：初地以上，依眞如法爲自體故；乃至九地，皆名法身菩薩。覺於念住者：明所觀相，卽前四種住相。以彼淨心，爲無明所眠，夢於住相，雖知萬法唯識，不起心外麤分別執著。然出觀後，於自心所現法上，猶起染淨法執，內緣而住。今與無分別智相應，從住相夢而得覺悟返照住相，竟無所有；故云覺於念住。下念無住相以離分別麤念者：顯觀利益。分別：對前位說，不同前位執著外境之麤分別，故但云分別也。麤念：對後位說，異彼根本無明，生相細念，故云麤念也。此四種住相，初地七地八地九地，各離一相。住相之夢雖覺，然覺道未圓，猶眠於生相夢中，故云隨分覺；結觀分齊也。若約後三細六麤，此當覺六麤前二，三細後二，上三位皆非究竟。

如菩薩地盡，滿足方便，一念相應，覺心初起，心無初相。

以遠離微細念故，得見心性，心卽常住，名究竟覺。

初能觀人。菩薩地盡：指十地眞窮惑盡。滿足方便：是方便道。一念相應，是無間道。如對法論云：究竟道者，謂金剛喻定。此有二種，謂方便道攝，及無間道攝。覺心初起者：舉所觀相。覺知心源，最初一念妄動，而爲根本無明，獨頭生相。乃依覺故迷，離本覺則無不覺，卽動念本是淨心。猶如迷方，謂東爲西，方實不西。悟時卽西是東，更無西相。覺迷迷滅，覺不生迷。動念都盡，惟一心在，故云心無初相也。離微細念：明觀利益。獨頭生相，最極微細。既能了無初起之相，本自寂滅無生，此相遠離，夢念都盡。無念眞心，法爾顯現。自性本體，湛然常住，故云得見心性，心卽常住。末結觀分齊。覺了心源，平等平等，始本不二，名究竟覺。若約後三細，此當覺業相也。初正寄四相顯位竟。

未二　引釋心源無念

是故修多羅說若有衆生，能觀無念者，則爲向佛智故。

此引證無念爲成佛之要。不但菩薩修斷，至無念爲究竟。卽諸衆生，雖未離念，二六時中，苟能觀察無念道理，則爲向佛智矣。以是證知佛地無念，此學因驗果說也。

又心起者，無有初相可知。而言知初相者，卽謂無念。

此重顯無念，以釋心有初相之疑。恐惑者聞覺心初起，將謂有初相可知。故釋云：又心起者，無有初相可知。問：旣無初相，何故說言知初相耶？釋云：言知初相者，蓋知最初動念，本來無念。如迷方人，迷東爲西。今覺方時，知西卽東，更無西相。而言知西相者，謂卽東也，此亦如是。

是故一切衆生，不名爲覺。以從本來念念相續，未曾離念，故說無始無明。

是無念爲覺之故，卽顯一切衆生有念，不名爲覺。以從本來三句，顯不覺所以。衆生從迷本心源，不覺心動而有其念。由是三細俄興六麤競起念念相續。長眠生住異滅四相之夢，未離無明之念，故不得名覺。然前對四相夢之差別，故說漸覺。今約無明眠之無異，故說不覺。末句，即結成不覺義。無始者，無有染法，始於無明。又無明依眞，同無元始故也。

若得無念者，則知心相生住異滅，以無念等故。

此明究竟心源也。良以眞源湛寂，本無生滅。但因一念妄動，遂有四相差別。若覺至心源，得無念者，則知生住異滅，四相平等，本來無念，故云以無念等故。二別辨差別四相竟。

午三　結明不異本覺

而實無有始覺之異，以四相俱時而有，皆無自立，本來平等，同一覺故。

首句標，以既得無念之覺，而覺四相本來無起，則無不覺。前云依不覺故，說有始覺。今既無不覺，安有始覺之異。下釋成上義，以彼四相，一心所成，俱時而有。其體本空，皆無自立。以當體無生，寂滅平等；同一本覺，是故則無始覺之異。○問：四相差別，云何俱時而有？既其俱時，何故上文覺有前後？答：唯一夢心，四相流轉。處夢之士，隨其智力淺深，前後而覺。大覺之者，知夢四相，虛妄顛倒。離淨心外，實無自體可辨前後；故云俱時，無有自立等。由是義故，四相唯是一心。不覺卽同本覺，又何有始覺之異耶。一始覺竟。

巳二　本覺　二　午一　明隨緣本覺　二　明性淨本覺　初中二

未一　標列　二　辨相

復次本覺隨染分別，生二種相，與彼本覺，不相捨離。云何爲二？一者智淨相，二者不思議業相。

此承上始覺有功，本覺乃顯。明本覺隨染分別，出纏還淨，有二種相。而言生者，以前云阿梨耶生一切法，此卽所生淨法。由本覺內熏之力，發起始覺之智，轉染令淨，成此二相，故云生也。然二相與彼本覺自體，不相捨離。智淨相者：明本覺還淨出纏之相。不思議業相者：明本覺還淨業用之相。此之二相，若離染緣，則不得成，故云隨染也。一標列竟。

未二　辨相　卽爲二　**申一　先明智淨相　二　不思議業相**　初中二

酉一　直明淨相　二　迭拂疑情

智淨相者，謂依法力熏習，如實修行。滿足方便故，破和合識相，滅相續心相，顯現法身，智淳淨故。

首句牒，下釋，先因後果。因中依法力熏習者：地前資糧、加行位也。依眞如之法，內熏之力，及所流教法，外緣熏力，發起信解熏修，成熟善根。如實修行者：登地以上，證眞如實理，稱實而修。至十地行終，金剛心中，因位已極，名滿足方便。〇果中，有智斷二果。由前方便，破和合識內一分不覺之相，顯其一分本覺之性。此根本無明盡故，心無所合，卽顯法身本覺義，乃斷果究竟也。卽於此時，滅染心之中業相等相續心相，不滅不生滅心體，遂使始覺還源，卽同本覺。染緣既息，圓智淳淨，成於應身始覺義，乃智果究竟也。〇又阿梨耶識，有覺不覺二義，生滅不生滅和合。今破和合識內無明不覺之相，滅業識等生滅相續心相。生滅既滅，則彼不生滅本覺法身，自然顯現；智體出纏，而得淳淨故。一直明淨相竟。

酉二　迭拂疑情

此義云何？以一切心識之相，皆是無明。無明之相，不離覺性。非可壞，非不可壞。

此徵釋疑情。疑有二：一、疑眞同妄：恐聞說動彼淨心，成於起滅；今既相續心滅，淨心應滅。故釋云：以一切業識等心識之相，皆是無明不覺熏習而有。今滅生滅之相，非滅不生滅之性，畢竟眞不同妄。二、疑眞妄異體：恐聞識相皆是無明，故說得滅，轉計別有體性，離於眞如。故釋云：無明不覺之相，原依眞起，不離隨染本覺之性，豈有各體。無明之性，與本覺之性，非一非異。非異故非可壞，非一故非不可壞。若約非異非可壞義，說無明即明。故涅槃經云：明與無明，其性不二，不二之性，即是實性。若就非一非不可壞義，說無明滅，覺性不壞。今文依非一義，說相續心相滅，眞不同妄。依非異義，說相不離性，眞妄一體。如是則二疑渙然冰釋矣。

如大海水，因風波動，水相風相，不相捨離。而水非動性，

若風止滅，動相則滅，濕性不壞故。

此立喻。初二句喻眞隨妄轉。水不自動，因風波動。海水喻眞心，風喻無明，波喻業識等。次二句喻眞妄相依。水不自起波相，因風而起，故水不離於風相；風不自現動相，依水而現，故風不離於水相；是謂不相捨離。第五句喻眞性不變，顯非自性動，但隨他動也。末三句喻妄滅眞存。動相喻妄，濕性喻眞。由水非自性有動，但隨風而現動相，若風止滅，水之動相隨滅，濕性不壞也。

如是，衆生自性清淨心，因無明風動，心與無明，俱無形相，不相捨離。而心非動性，若無明滅，相續則滅，智性不壞故。

此法合，淨心合海喻。因無明風動者：淨心覺海，本自澄渟湛寂。但隨無明緣，生諸識浪，合因風波動喻。心與無明三句，合風水相依喻。俱無形相者

：淨心隨緣，全成識浪，故無心相。然彼識浪，無非淨心，故無無明相。合水因風動，全成於波，故無水相。風動之波，本來是水，故無風相。心非動者：合水非動性。無明滅者：是根本無明滅，合風滅也。相續滅者：業識等滅，合動相滅。智性不壞者：隨染本覺，神解之性，本非動性，故不壞，合濕性不壞也。一先明智淨相竟。

申二　不思議業相

不思議業相者，以依智淨，能作一切勝妙境界。所謂無量功德之相，常無斷絕。隨衆生根，自然相應，種種而現，得利益故。

此明本覺不思議業用。以本覺在纏，衆生依惑造業，乃云業力不思議。今出纏還淨，聖人稱體起用，是謂妙用不思議，故能作勝妙境界。如觀世音菩薩，寂滅現前，獲二殊勝。上同諸佛慈力，下同衆生悲仰。能現三十二應、十四無畏、四不思議、無作妙力，自在成就。本覺出纏還淨惑窮智滿，同佛作用，故云以依智淨相也。無量功德之相者：橫顯業用，差別不一。常無斷絕者：豎顯業用，深窮來際。隨衆生根下，並顯業用橫豎應機，任用自在。應以何身得度，卽現何身。應以何法得度，卽說何法。隨機示現，令得利益。一明隨緣本覺竟。

午二　明性淨本覺　二　亦可是體用合明
未一　總標　二　別釋

復次覺體相者，有四種大義，與虛空等，猶如淨鏡。

本覺有隨染、性淨之別。前智淨相，由始覺所顯，屬修生。下四種義，乃本覺原具，屬本有。體相者：以四種中，初二體，後二相。又初二就因性隱時說，後二就果地顯時說。又初二有性淨義，後二有離垢義。故舉虛空寬廓絕相，淨鏡圓明離垢，喻此覺體。一總標竟。

未二　別釋　四　申一　如實空鏡　二　因熏習鏡　三　法出離鏡　四　緣熏習鏡

云何爲四：一者、如實空鏡。遠離一切心境界相，無法可

現，非覺照義故。

首句總徵。初明本覺自性，由來淸淨，稱眞如實體，空無妄染，非先有後無，故云如實空也。遠離一切心境界相者：無一切能分別心，及所分別境。妄心妄境，而云遠離者：非不與之合爲遠離，乃本無故，爲遠離耳。如前云：從本已來，一切染法不相應故。但妄染之法，情有理無，相不可得，譬如兎角，故不可現。非覺照義者：以本覺之於妄法，非由觀智覺照故無，妄體本無故，亦如鏡望兎角。○問：若是何故下因熏習中，悉現一切世間法耶？答：彼約依他似法，是此眞心隨熏所現。此約徧計所執實法，故無可現。以似法如影，實法如形，眞心如鏡。由不現形，故云如實空鏡。以能現影，故云因熏習鏡。

申二　因熏習鏡

二者、因熏習鏡。謂如實不空，一切世間境界，悉於中現。不出不入，不失不壞，常住一心。以一切法，卽眞實性故。又一切染法所不能染，智體不動，具足無漏，熏衆生故。

因有二義：一能作現法因，二能作內熏因。亦可初是因義，又下熏習義，故云因熏習也。如實不空者：以有自體，及性功德故，如大圓鏡智，能現一切也。世間，指情、器、正覺，三世間。十界染淨依正因果，皆在心中，分明顯現。楞嚴云：諸法所生，唯心所現。一切因果，世界微塵，因心成體。離此心外，無別自體。以體卽眞如，眞如本無內外，故不從內出，亦不從外入。緣起之法，顯現不無，故不失。所現全體，一一皆眞，故不壞。如鏡中影，無有出入，緣至卽現，非刃能傷也。常住一心者：會相歸性，離諸生滅。以一切法，卽眞如實性，本來平等。猶影之體，卽鏡之體，不異眞如，故云卽眞實性。〇又一切下，明自性本淨。雖隨緣現染，不爲染法所染。正以現染不染，反顯本淨智體，由來不動，非今始淨也。如淨鏡能現穢物，不爲穢物所穢，反顯鏡體，本淨無動故。末二句，以性具恆沙無漏淨德，能與衆生作內熏之因，令厭生死，樂求涅槃故。勝鬘經云：由有如來藏，能厭生死，樂求涅槃。實仗此體，爲內熏之因也。

申三　法出離鏡

三者、法出離鏡。謂不空法，出煩惱礙智礙。離和合相，淳淨明故。

法出離者：乃本覺眞如之法，出於二障，離於和合。前明在纏性淨本覺，今明出纏離垢法身。如寶性論云：有二淨：一自性淨，以同相故。二離垢淨，以勝相故。不空者：擧法體。謂衆生覺體，本來具有如來智慧德相，但爲二種障所礙，和合識所纏，不能證得。礙，卽障也。一、麤細染心，昏煩惱亂，名煩惱障。二、卽染心所依無明，能障眞智，名智障。智本非障，被無明障故，乃從所障得名也。和合識，卽業相，生滅不生滅和合。今由本覺內熏，始覺有功，返染還淨，出二障礙，離和合識中一分生滅相。無明染心，一切皆盡，故曰淳淨明。以離和合雜相故淳，滅麤細染心故淨，破無明蓋覆故明。顯現本有覺性，並非新生；但一向在纏，今始離耳。

申四　緣熏習鏡

四者、緣熏習鏡。謂依法出離故，偏照衆生之心，令修善根，隨念示現故。

此卽上出障離垢之本覺，能與衆生作外緣熏力。此體生佛等同，向爲衆生，但作內熏之因；今證法身，卽能偏照衆生之心，起同體大悲，現無作妙力，攝化衆生，爲作外緣熏力，令修善根。隨衆生種種差別心念，樂見何身，樂聞何法，一一應機示現。○問：此法出離，與前智淨相，緣熏習，與不思議業相何別？答：前約隨染還淨，俱就始覺說；業，卽始覺之智用。今約自性離障，俱就法體說。緣，卽自體之法用，此就義開說也。若合說，法智雖殊，體無差別，以始覺卽本覺故。一辨覺義竟。

卯二　辨不覺　分三　辰一　根本不覺　二　枝末不覺　三　結末歸本　初中二　巳一　依覺成迷　二　依迷顯覺

所言不覺義者，謂不如實知眞如法一故，不覺心起，而有其念。念無自相，不離本覺。猶如迷人，依方故迷。若離於

方，則無有迷。衆生亦爾，依覺故迷。若離覺性，則無不覺。

首句標，次三句釋不覺之義。問：覺性圓明寂照，何以而成不覺耶？答：由不稱實理而知眞如法一故，忽然心起，而有其念。卽此一念，爲根本不覺心，亦名獨頭生相無明。由此無明，卽失本明。但此一念，本無自相，以依覺成迷，不離本覺之體。如迷方人，惑南爲北，依正方故有迷方。若離正方，則無迷方之相可得。合處可知。一依覺成迷竟。

巳二　依迷顯覺

以有不覺妄想心故，能知名義，爲說眞覺。若離不覺之心，則無眞覺自相可說。

問：不覺者，乃衆生無明妄想之心，何以卽眞覺耶？答：前云念無自相，不離本覺。衆生雖一向不覺，今若指示卽心是佛，卽便能知名義。蓋此能知之性，皆是眞覺內熏之力，軌持生解。故說衆生不覺，卽是眞覺。所謂無明實性卽佛性，譬如全波卽水。若離不覺，則無眞覺之相，如離波則無水相可得。◯

又前不覺不離本覺，如迷方不離正方。此眞覺不離不覺，如正方不離迷方。彼此交互，眞妄相依，足顯迷悟只一途，聖凡無二路也。一根本不覺竟。

辰二　枝末不覺

○先約喻述意，後分文釋義。此枝末不覺，依根本不覺而有。根本不覺，依眞如本覺而成。眞如本覺如淨眼，根本不覺如熱翳之氣，業相如翳氣熱發，動彼淨眼，而成病眼，卽如來藏轉爲識藏。轉相，由眼病故，轉成見病。現相，以病眼所見，卽有空華妄境發現。智相，依空華境現，起心分別好醜。相續相，由此分別，念念不住。執取相，由分別旣定，妄生取捨。計名字相，由所取相上，復立種種名言，卽未對之相，聞名亦必起執。而起業相乃循名造業，發動身口。業繫苦相，依善惡業，受苦樂報，長眠生死，不得解脫。皆根本無明之咎也。如楞嚴云：由汝無始，心性狂亂，知見妄發；發妄不息，勞見發塵；如勞目睛，則有狂華；於湛精明，無因亂起。此合論依眞起妄，本末不覺之相，連環鉤鎖，輾轉相依，總攝不出惑業苦三。無明三細，及前四麤屬惑，五六屬業苦。不相捨離，如惡叉聚。今分文釋義有二。

巳一　細相　二　麤相

復次依不覺故，生三種相。與彼不覺，相應不離。

此標無明為因生三細也。無明為根本，業、轉、現三，依無明不覺而有。末不離本，故云相應不離也。

云何為三：一者、無明業相。以依不覺故心動，說名為業；覺則不動。動則有苦，果不離因故。

首句徵。無明業相者：以揀本覺不思議業相，及第五麤起業相也。業有二義：一、動作義是業義。以依最初一念不覺，動彼淨心，即此動心，名為業相。覺則不動者：反顯真覺則無動念，只由不覺故心動也。○二、為因義是業義。動則有苦者：反顯離念不動，即涅槃妙樂。動則無邊生死苦患，從此而生。是業識為生死因，故云果不離因也。但此雖有動念，而極微細，緣起一相，能所不分，即晦昧為空之境，當梨耶自體分，亦名根本業識。

二者、能見相。以依動故能見，不動則無見。三者、境界相。

以依能見，故境界妄現，離見則無境界。

此釋轉、現二相。能見相卽轉相，亦名轉識。眞如智照，本無能所。今旣迷智體，依一念動心，失彼精了，轉成妄見，故云：以依動故能見。反顯眞覺不動，則無見也。此但約能緣，以明本識轉相義。然雖有能緣，而所緣不可知，如攝論云：意識緣三世境，及非三世境。是則可知，此識所緣境，不可知故。○境界相卽現相，亦名現識。以無相眞心，由一念妄動，轉爲妄見。依此見病，妄現空華之界相，故云以依能見，故境界妄現。反顯翳病若除，華於空滅，故云離見則無境界。此但約所緣，以明本識現相義。下文云：能現一切境界之相，猶如明鏡，現於色像，現識亦爾。此三並由根本無明，妄動一念，成此三細，卽不相應心，屬賴耶位攝。如楞嚴云：性覺必明，妄爲明覺（卽無明），覺非所明，因明立所（所字卽業識之妄所），莫作境界解。○所旣妄立，生汝妄能（卽能見相），無同異中，熾然成異（卽境界相。無同異者，卽業識妄所晦昧之相，空界不分。成異者，結暗爲色，成四大異相也。）○異彼所異，因異立同（虛空相也），同異發明，因此復立無同無異（衆生相也）。根身器界，無非見病所成，俱是賴耶相分。一細相竟。

巳二　麤相

以有境界緣故，復生六種相。

此標境界為緣長六麤也。以麤相由微而著，不離細相。前細相境界，依能見所現之境界，非境界而動能見。此後六麤，為彼境界所動而有，非此六種能現彼境也。

云何為六：一者、智相。依於境界，心起分別，愛與不愛故。二者、相續相。依於智故，生其苦樂覺心，起念相應不斷故。

首句徵起。智相者：卽分別心也。依前現識所現境界，不了唯心虛妄，創起慧心數，分別逆順，執有定性，可愛與不可愛。○相續相者：卽依智相所分別逆順二境。可愛則生樂受，不可愛則生苦受。覺心者：卽苦樂二覺之心也，數數起念，與境相應，無有間斷，此明自相續也。復能起惑潤業，引持生死，令他相續。故下文云，住持苦樂等也。此二乃事識中細惑，下五意內四五攝，屬法執，地上菩薩所斷。

三者、執取相。依於相續，緣念境界，住持苦樂；心起著故。

執取相，於前所緣念苦樂等境，不了虛妄，深生取著。故下文云：卽此相續識，依諸凡夫，取著轉深，計我我所。前四句牒上相續相，末句方是執取相。○計名字相：依前顚倒所執相上，更立假名言相，是爲分別。楞伽云：相名常相隨，而生諸妄想；故云依於妄執等。此二乃事識中麤惑。下五意後，別明意識攝。屬我執，二乘等所斷。上四皆惑，下二業苦。

四者、計名字相。依於妄執，分別假名言相故。

五者、起業相。依於名字，尋名取著，造種種業故。

謂依前所分別假名言相，循名著相，發動身口，造種種業；卽苦因也。

六者、業繫苦相。以依業受果，不自在故。

謂先造善惡不動等業，爲因。依因感果，受苦樂等報。輪迴三界，長縛生死，無自由；分不自在，卽苦相。非但下界苦是苦，卽上界樂不久長，亦是壞苦。不苦不樂之捨定，亦即行苦也。二枝末不覺竟。

辰三　結末歸本

當知，無明能生一切染法，以一切染法，皆是不覺相故。

此顯無明爲生死染法之因。前三細六麤，總攝一切染法，皆由根本無明，不了眞如而起，故云能生。下二句釋其所以，言一切染法，雖麤細不同，皆是無明熱翳之氣熏成，所起不覺之差別相也。二辨不覺竟。

卯三　辨同異　二　辰一　標列　二　喩釋

復次，覺與不覺，有二種相。云何爲二：一者同相，二者異相。

此辨生滅不生滅，非一異相。前云依如來藏，故有生滅心。不生不滅，與生滅和合，非一非異，名爲阿梨耶識。覺不覺二義，皆生滅門攝。今既明生滅心，要顯生滅即不生滅，故此辨同異也。一標列竟。

辰二　喩釋

言同相者，譬如種種瓦器，皆同微塵性相。如是無漏無明，種種業幻，皆同眞如性相。

此明卽異而同，先喻後法。喩中種種瓦器，若淨瓶染缸等，譬染淨諸法。言同性相者，器以塵爲性，塵以器爲相。器之性，卽塵本性；器之相，卽塵別相。眞如諸法，亦復如是。無漏者，本始二覺也，卽覺義。無明者，本末不覺也，卽不覺義。覺有不思議業相，能作一切勝妙境界。不覺有無明業力，能生一切生死苦樂。染淨二業，皆非實有，故云種種業幻。所謂生死涅槃，皆如幻夢也。同眞如性相者：以動眞如門，成此生滅門中染淨諸法。諸法同以眞如爲體，則性同也。眞如亦以諸法爲相，則相同也。

是故修多羅中依於此眞如義故，說一切衆生本來常住，入於涅槃，菩提之法，非可修相，非可作相，畢竟無得。

此引經證成。修多羅中，依上本末不覺，卽眞如義故，說一切衆生，本來常住，不生不滅，入於涅槃。如淨名云：一切衆生，卽涅槃相，不復更滅。此望因說也。又依上本始二覺，卽眞如義故，說諸佛究竟菩提之法，本來原具，無修無作。卽證時，亦畢竟無得。如楞嚴云：狂心若歇，歇卽菩提。何藉劬勞肯綮修證。又云：圓滿菩提，歸無所得。此望果說也。◯又前約不覺卽如故，衆生舊來入涅槃。後約覺智卽眞故，諸佛菩提非新得。智斷二果，俱性淨本有故也。

亦無色相可見。而有見色相者，唯是隨染業幻所作，非是智色不空之性。以智相無可見故。

此釋伏疑。疑云：衆生本入涅槃，何故不見報化之色相耶？答曰：眞如自體，本來絕相，故云亦無色相可見。轉疑云：眞體既無色相，何故諸佛證菩提時，現報化等，種種色相耶？答曰：而有見諸佛色相者，但是隨衆生染業幻心中，變現所作耳。既由幻心所變，自是幻色。屬後異相隨染幻差別之義，非是本覺智色不空之性。以本覺智色之相，眞空不空，妙有非有，故無可見。所以如來不思議業相，乃隨根而現：圓頓之機見報身，有緣衆生見應身，俱是隨衆生幻心所作。若是實有，何不人人見佛相好耶？此中見佛相，亦爲幻心所作，未免致疑，更爲釋之。眞如界內，不立纖塵，本來無相可見。故金剛經云：凡所有相，皆是虛妄。若以色見聲求，俱是邪道。則是幻非眞明矣。

言異相者，如種種瓦器，各各不同。如是無漏無明，隨染幻差別；性染幻差別故。

此明卽同而異，先喻後法。喻中種種瓦器，雖同微塵，但隨造作緣異，則各各不同；法中隨染幻差別者：無漏法也。諸無漏法，順平等性。直約其性，則無差別。但隨染法差別相，故說無漏法有差別耳。如下文中對業識等差別染法，故說本覺恆沙性德。又對治此諸法差別，故成始覺萬德差別。別記云：是故無漏，但隨彼染而有差別，不由自性有差別也。○性染幻差別者：無明法也。以本末無明，違平等性，是故其性自是差別。故下文云：如是無明，自是差別也。然染淨相待，皆是眞如隨緣顯現；似有非實，故通名幻。一釋上心生滅義竟。

丑二 釋上生滅因緣 二 釋立義分中因緣二字 寅一 明生滅因緣義

二 顯所依因緣體 初中二 卯一 總標 二 別釋

復次，生滅因緣者，所謂衆生依心、意、意識轉故。

此明生滅因緣之義，以顯阿梨耶生一切法也。染法因緣有二：一、梨耶心體，不守自性爲因；根本無明，熏動心體爲緣：生三細。二、梨耶返熏無明爲因；境風吹動識浪爲緣；生六麤。所謂衆生下，正明依是因緣，故有生滅法。衆生，乃諸識相集而生，卽生滅法也。依心，卽依因緣也。心，指梨耶自體心。此心具足因緣，爲諸法之本，依梨耶本覺眞如，不守自性因也。不覺無明，妄動心體緣也。依此因緣，生業識、轉識、現識。復依業識返熏無明之因，境風吹動識浪之緣；依此因緣，生智識、相續識，合爲五意，故曰意。又依意取著轉深，曰意識，卽第六識。此等俱依心轉，轉卽起也。◯問：五意梨耶在內。意、意識依心轉者，依自起自，豈有是理耶？答：所依心，雙約覺不覺二義，具足因緣，如前解。所起業識，單約梨耶心中，一分不覺妄動。而心如水，無明如風，業識如波，波依水動，理所當然，豈離水而有波耶。◯又識藏，卽如來藏。經云：如來藏若生若滅。此心字，不可看作全眞，亦不可看作非眞；以有覺不覺二義故。楞嚴經云：眞非眞恐迷，我常不開演。一總標竟。

巳一 卯二 別釋 二 **辰一 先釋意轉** 二 **釋意識轉** 初中三

略明 二 **廣辨** 三 **結歸**

此義云何？以依阿黎耶識，說有無明，不覺而起，能見能現，能取境界，起念相續，故說爲意。

初句總徵，下釋。依心，則五意轉。阿黎耶，卽上所依自體心，是生滅因。無明，卽此心中不覺義，是生滅緣。此二句明所依因緣。不覺而起下，卽五意轉。由依心中不覺緣故，動彼淨心，遂成業識；卽起動義是業義，所謂轉如來藏，而爲識藏也。◯問：既依不覺而起業相，則業相在後，與前文不違。此中上二句云：依阿黎耶識，說有無明，則無明在後，豈不自相矛盾耶？答：前後無乖，梨耶具覺不覺二義。若就本說，由無明動眞心，成業識。此業識依迷而有，則無明故在前，若就末說，無明卽梨耶心中一分不覺義。以在梨耶中，亦得說無明不離梨耶，則梨耶故在前。二義一時，本無前後，不妨說前說後耳。◯能見者：由梨耶返熏無明，增其不了。則本有智光，轉爲能見之妄見，卽轉識。能現者：卽此心體，由妄見故，妄有境界發現；如病眼妄見空華，卽現識。上屬三細，在本識中，依本覺爲因，無明爲緣也。能取境界者：謂能取現識所現境界，不了虛妄，取以爲實；起智分別，可愛與不可愛，卽智識。起念相應者：於所取境，起苦樂二種覺心，念念無間，與境相應，卽相續識。此屬六麤前二，依業識爲因，境界爲緣也。依此五義，說爲五意。意以能生依止爲義，彼此輾轉，相依相生。第五意，對後意識，亦有能生義。一略明竟。

巳二　廣辨

此意復有五種名云何爲五？一者、名爲業識。謂無明力，不覺心動故。二者、名爲轉識。依於動心，能見相故。

初二句標徵，下釋。一、業識：卽梨耶心。心不自起，起必由緣。無明力，卽所依緣也。不覺心動者：由根本不覺，無明風力，動彼眞心，起成業相。此正明起相，兼釋業義，以起動義是業義故。◯二、轉識：言依動能見者：卽依前業識之動，轉彼眞智，而成能見之相。但能見之相有二，此約無明風動，轉成能見，在本識中；非事識中，境界風動之能見也。

三者、名爲現識。所謂能現一切境界，猶如明鏡，現於色像，現識亦爾。隨其五塵對至，卽現，無有前後。以一切時任運而起，常在前故。

初法，三四兩句喩，後合。能現一切境界者：依轉識結暗爲色，想相爲身，故現妄境。離轉識無別境界，故舉能現明所現也。因心體與無明合，熏習力故。猶如明鏡現像者：謂精明識體，圓現一切境界，不假造作，亦無前後。合中偏言五塵者，此約引起分別事識義，故作是說也。若依瑜伽論中，則現五根、種子，及器世間等，故法說中云一切也。任運而起者：揀異餘識，有作意間斷故。常在前者：明此識乃八識相分，在諸法之先，爲諸法所依之本，揀異末那也。

四者、名爲智識，謂分別染淨法故。五者、名爲相續識，以

念相應不斷故。住持過去無量世等善惡之業，令不失故。復能成熟現在未來苦樂等報，無差違故。能令現在已經之事，忽然而念；未來之事，不覺妄慮。

智識者：是事識內細分別，不了前心所現之境，虛妄無實，創起慧數，分別染淨，故云智也。此顯本識但現而無分別，分別者事識耳。○相續識：亦是事識中細分。以念相應不斷者：前三細心境未分，故不相應。此因智分別，取以爲境，念念與法執相應，得長相續。此約自體不斷，釋相續義也。○住持下七句，約其功能，釋相續義。前三句，以此識能起潤業煩惱，引持過去無明所發諸行善惡業種，引生令熟，堪任成果。業無惑潤，業種焦亡，故云住持，乃至不失也。後四句，復能起潤生煩惱，使已熟之業，感報相應。故言成熟現未果報，無有差謬違背也。是則三世因果流轉，連持不絕，功由於意。能令下，顯此識麤分別相。由種子習氣內熏，發起現行，念念不斷，不同智識之微細分別也。二廣辨竟。

巳三　結歸　二　午一　正結屬心　二　問答釋疑

是故三界虛僞，唯心所作，離心則無六塵境界。

是一心隨無明緣，動作五意，故有三界諸法。隨熏現似，有卽非有，曰虛。不有而有，曰僞。全無眞實，窮其因緣，唯心作也。如楞嚴云：諸法所生，唯心所現。此二句順結，下二句反結。若離心識，則無塵境，足驗六塵境界，皆不離心。契經云：三界上下法，我說皆是心，離於諸心法，更無有可得；此之謂也。一正結屬心竟。

午二　問答釋疑

此義云何？以一切法皆從心起，妄念而生。一切分別，卽分別自心。心不見心，無相可得。

初句徵問：現有塵境，唯心之義，云何得成？答：以一切法，皆從此心隨熏所起，更無別體。如鏡現像，像依鏡起，故說唯心也。妄念而生句，釋轉難。如難云：此心何以作諸法耶？釋曰：由最初不覺，妄有其念，熏彼淨心，而生三細六麤。此約眞心隨染之用，離彼心念，無外實法。〇一切分別，卽分別自心者：法旣唯心，所有分別，卽自分別。如楞嚴云：自心取自心。此依唯識以遣於塵也。心不見心下，以塵旣無有，識不自緣，如眼有見，不自觀眼。達此者，對待情忘，能所相泯，故云無相可得。卽永嘉云：塵遣非對。此依無塵，併遣於識也。中邊論偈云：由依唯識故，境無體義成；以塵無有故，本識則不生。此中分別自心者，卽依唯識以遣於塵，與論上半偈同。心不見心者，卽依無塵併遣於識，與論下半偈同。此等約行說故，遣依他性也。須知生滅緣起，皆由無明風動。無明風滅，識浪卽止，唯是眞如，平等平等。

當知世間一切境界，皆依衆生無明妄心，而得住持。是故一切法，如鏡中像，無體可得，唯心虛妄。以心生，則種種法生，心滅，則種種法滅故。

世間，卽情器二世間。無明者，根本無明。妄心者，業識等。當知現有一切境界，皆依無明所熏起之妄心，而得住持。住持云者，以無明未盡，妄心不滅，境界不息也；此結相屬心。是故者，是妄境依妄心故，則一切法，皆業幻所作，本來不實。如鏡中像，無有自體可得也。又法卽是心，故無自體可得。如鏡中像，體卽是鏡，離鏡無別體故。◯唯心虛妄句釋疑。疑云：旣是無體，何以宛有諸法？釋云：唯是衆生妄心，虛妄顯現；如勞目睛，則有狂華，於湛精明，無因亂起，何處有體可得。心生法生者：見法不自生，以心體隨熏，動成業相，乃至能現一切境界，故云生也。卽所謂一念纔興，萬法畢具。心滅法滅者：以心體還源，破和合識相，滅相續心相，風停浪息，故云滅也。卽所謂一念不生，萬法自寂。如文中所云：若能觀無念者，則爲向佛智矣。一先釋意轉竟。

辰二　釋意識轉

復次，言意識者，卽此相續識，依諸凡夫取著轉深，計我我所，種種妄執，隨事攀緣，分別六塵，名爲意識，亦名分離識，又復說名分別事識，此識依見愛煩惱增長義故。

此明意識。言卽此相續識者：指前第五意，與此麤細雖殊，更無別體。但前就細分法執，分別相應，說名爲意。此約能起見愛麤惑，說名意識，卽意之識也。依諸凡夫者：簡非聖人。以聖人斷見思，破我執故。〇取著轉深者：於前苦樂等境，不了虛妄，深起執著。非但心外取境，亦復於身計我，於塵計所。或計卽蘊是我，離蘊是我等，種種妄執。此顯計我之相，出其惑體。隨事攀緣二句，明所依緣，但隨前塵之事，攀於倒境之緣、循塵分別，不了正理，名爲意識。起惑造業，全係此識，故論不別出五識。〇亦名分離識者：依於六根，別取六塵，故云分離。問：意緣法塵，何以通取六塵？答：同時意識，外依五根，與五識同時而起，亦得緣外五塵境界。故唯識云：三性三量通三境。又能分別過未內外，種種事相，故復說名分別事識也。〇下明識起所依。見卽見惑，愛卽思惑。五住煩惱，見一住，思三住，無明一住，顯前五意，總依無明住地。此意識，依見愛四住煩惱，熏於本識，令變生此分別事識，故云增長也。六麤中，執取、計名、及起業相，六染中，執相應染，皆此識攝。一明生滅因緣義竟。

寅二　顯所依因緣體　二

卯一　略明緣起甚深　二　廣顯緣起差別

依無明熏習，所起識者，非凡夫能知，亦非二乘智慧所覺。謂依菩薩，從初正信發心觀察。若證法身，得少分知，乃至菩薩究竟地，不能盡知，唯佛窮了。

首句牒上。所說依根本無明熏習力，所起之業識。良由此識甚深，最極微細，非凡夫所知境界。亦非二乘，人空智慧所覺。以二乘但破見思，不了無明，此無明所起識，故不能知。菩薩十信之初發心，卽觀本識，自性緣起，因緣之體，得成正信。三賢位中，意言比觀，故云觀察。若登地，破一分無明，證一分法身，得少分知。乃至第十菩薩究竟地，以其但覺住相，不覺生相，猶不能盡知。唯佛如來，四相夢覺，五住惑盡，方得窮源了當。誠哉頓悟之難也。

何以故？是心從本已來，自性清淨，而有無明，爲無明所染，有其染心。雖有染心，而常恆不變。是故此義，唯佛能知。

此徵釋甚深所以。問：何故此識唯佛窮了？答：是心本來，自性清淨，此緣起體，卽因也。最初一念不覺，妄起而有無明，此緣起由，卽緣也。爲無明故，有其染心，此緣起相，不染而染也。雖有染心，而心體常恆不變，此在迷位，染而不染也。是故者，是不變隨緣，隨緣不變故。此義甚深，非三賢所了，十聖可知；唯佛一人，乃能盡知。勝鬘經云：自性清淨心，難可了知；彼心爲煩惱所染，亦難了知；乃至結云：唯佛能知。同此義也。

卯二　廣顯緣起差別　五　**辰一　明染心緣起根源　二　判染心差別分位　三　顯無明治斷階級　四　釋相應不相應義　五　辨智礙煩惱礙義**

所謂心性常無念故，名爲不變。以不達一法界故，心不相應。忽然念起，名爲無明。

初三句，承釋上文不變義。所謂心性，湛若太虛，本來不動，離心緣相，故曰常無念。卽由無動，名爲不變。此顯上緣起之體。問：旣是不變，因何而有無明？答：以不達一法界眞如理故，心不與眞如相應。卽不如實知眞如法一故，與眞如相背。忽然念起者：明不相應所以。眞如本來離念，此則無端起念，卽獨頭生相。根本不覺，名爲無明。無明爲染法之源，最極微細。無別有法，能始乎此，亦名無始無明。此顯上緣起之由。一明染心緣起根源竟。

辰二　判染心差別分位

染心者，有六種。云何為六？一者、執相應染，依二乘解脫，及信相應地，遠離故。

下顯上緣起之相。六種染心，卽意識及五種意。前依因緣生起次第，故從細至麤。今辨治斷次第，故從麤向細。廣明還淨因緣也。初執相應染者：是六麤中，執取相及計名字相；亦是上意識，見愛煩惱所增長義。由其執著心外有法，與境相應，染汚自性，故云執相應染。凡夫同具，依二乘聖人，至無學位，見思斷盡，而得解脫。◯信相應者：十解已去，信根成就，無有退失，名信相應。此地菩薩，雖發心志斷無明，其力未充，入生空觀。麤垢先落，見愛煩惱不起現行，故云遠離。非約種子也，以留惑故。◯攝論云：若不斷上心，則不異凡夫。若不留種子，則不異二乘。此約終教說。若約始教，初地已上，方說留惑。如餘論說。

二者、不斷相應染：依信相應地，修學方便，漸漸能捨，得淨心地，究竟離故。

不斷相應者：卽五意中相續識，六麤中相續相。依法執，相續不斷得名。從十解已去，三賢位中，修唯識尋思方便觀，漸漸能捨。天台以此名界內外塵沙。淨心地：卽初地，法執分別不得現行。至此我法分別，麤垢俱淨，故曰淨心地，究竟離故。

三者、分別智相應染：依具戒地漸離；乃至無相方便地，究竟離故。

分別智相應者：卽五意中智識，六麤中智相。以能分別世出世，諸法染淨，故云智也；乃微細法執。七地以還，有出入觀異。出觀緣事，任運心時，此識亦得現行，於境有微細分別。依二地以去，地地分除，故曰漸離。以二地三聚淨戒，故得具戒名，至七地方得永盡。無相方便者：以七地於無相觀，有加行方便。八地眞無功用道，純入無漏觀。別記云：不論種子，故與餘經所說有殊。種子至金剛心，方乃頓斷。

四者、現色不相應染依色自在地，能離故。

現色不相應者：即五意中現識，三細中能現相。此依根本無明，動令境現，如明鏡現諸色像。依第八地，色性隨心自在，而無障礙，能離故。色不自在地，此識不亡。

五者、能見心不相應染依心自在地，能離故。

能見心者：即五意中轉識，三細中能見相。依於動心，轉成能見。心自在地，即第九地，菩薩於自他心，均得自在。約他，善知衆生心行差別；約自，得無礙智。有礙能緣，永不得起，故能離也。

六者、根本業不相應染依菩薩盡地，得入如來地，能離故。

根本業者：卽五意中業識，三細中業相。以無明力，不覺故心動，說名為業。十地菩薩，金剛喻定現在前時，方便滿足。無間道遠離微細念故，得入如來果地，故云能離也。二判染心差別分位竟。

辰三　顯無明治斷階級

不了一法界義者，從信相應地，觀察學斷，入淨心地，隨分得離。乃至如來地，能究竟離故。

初句標。不了一法界義：卽不如實知眞如法一故，不覺心動；是上染心，所依無明住地。從十解以去，三賢位中，觀察學斷。入初地以上，地地破一分無明，證一分眞如。乃至如來果地，破和合識內生滅之相，顯不生滅之性。無明惑盡，斷德究竟，智德圓滿，轉第八識，成大圓鏡智。上科根本業相，亦如來地盡。說雖前後，治斷並一時耳。前業識滅時，無明卽斷。此無明盡時，識不和合，故同在如來地盡也。三顯無明治斷階級竟。

辰四　釋相應不相應義

言相應義者，謂心念法異，依染淨差別，而知相緣相同故。不相應義者，謂卽心不覺，常無別異，不同知相緣相故。

六染中前三染，是相應，後三染及無明，是不相應。相應中：言心念法異，有二釋：一、約王數釋：心卽心王，念法卽心數，王數不同，故曰異。依染淨差別之境，知相緣相皆同。知相謂能知，緣相謂所緣。同者，心王知染，心數同知；心王緣淨，心數同緣；同卽相應義。二、約心境釋：以此三種，依境而生。下文云：境界滅故，相應心滅。言心念法異者，心卽能緣心，念法卽所緣境，境爲心所念法，心境不同，故曰異。依染淨差別境上生解，境染則起染解，境淨則起淨解。能知心，與所緣境，染淨之相同故。〇不相應者，亦二釋：初、約王數釋：謂此三種染，卽一念心之不覺相，更無王數之別異，有何同知同緣。上文云：依不覺生三種相，與彼不覺，不相捨離，卽此不異不覺；云不離；非是相應，云不離也。下文云：無明滅故，不相應心滅，足徵卽心之不覺也。二、約心境釋：謂此三種染，卽心不覺，更無外境，故云卽心無異也。

以無明依本覺而起，妄以本覺爲所明之境，而本覺卒不可明，由是帶起業相；遂轉本有智光，而爲轉相。而轉相妄以業相爲所見，而業相卒不可見，由是帶起境界相耳。如楞嚴云：覺非所明，因明立所，所既妄立，生汝妄能，無同異中，熾然成異。三細但在本心上，無有外境相應，故無同知同緣相故。不字，無之謂也。此翻前相應義。〇問：瑜伽論說：阿梨耶識，意觸受想思，五數相應，緣二種境。此中何云不與心數境界相應？答：此論約煩惱心數轉，說相應。黎耶雖具五數，無覆無記，不具煩惱數，得說不相應。又二種境，在現識三細心中，既非外境，亦得說不相應，有何相違耶？四說相應不相應義竟。

辰五　辨智礙煩惱礙義

又染心義者，名爲煩惱礙，能障眞如根本智故。無明義者，名爲智礙，能障世間自然業智故。

此辨二礙義，礙卽障也。餘經論約我法二執，以明二障：一、二乘通障：依我執見思，能使流轉，障涅槃果，名煩惱障。二、菩薩別障：依法執等惑，迷所知境，障菩提果，名所知障。所知非障，被障，障所知智境故。今論不約我、法，乃約染心無明，以明二礙。染心依無明而有，其體雖同，而爲礙不同。依無明所起染心，喧動差別，爲煩惱礙。能障眞如寂靜平等無分別之根本智故；亦名實智，又名如理智。◯能起染心之無明，昏迷不覺，爲智礙。能障世間差別不思議業智故；亦名權智，又名後得、如量智。此智依始覺，返染還淨，破生相無明，方得起用。無明不覺，此用不起，故乃爲礙。此從所礙得名，不同前煩惱卽礙也。

此義云何？以依染心，能見能現，妄取境界，違平等性故。以一切法常靜，無有起相。無明不覺，妄與法違，故不能得隨順世間一切境界種種知故。

初句徵難。或疑無明動彼心體，成於染心。則無明細，應障理智；染心麤，應障量智。今所以不然者，此義云何？先釋煩惱礙。以此礙乃依六種染心，後三不相應，能見能現。前三相應，妄取境界，能所對待差別。與眞如平等理智，本無能所差別，觀體相違，故障理智。◯下釋智礙。以世間諸法，本來常住寂靜，無有起滅之相，此舉無明所違法性。如法華云：是法住法位，世間相常住。無明不覺法性本寂，內迷眞理，識外見塵，妄與法性相違。故不能得隨順眞理，起差別智；於世間如量之境，種種而知也。此正障量智。二釋上生滅因緣竟。

丑三　釋上生滅之相　三　寅一　標列二相　二　約人對顯　三　辨相所依

復次，分別生滅相者，有二種。云何爲二？一者麤，與心相應故。二者細，與心不相應故。

生滅相，卽上文六染，而分麤細二種。前三染，是心相應。王數相隨，心境對待，同知同緣，其相麤顯，經中說爲相生滅也。後三染，是心不相應。以無心心法，及內外能所，麤顯之相。其體微細，恆流不絕，經中說流注生滅也。初標列二相竟。

寅二　約人對顯

又麤中之麤，凡夫境界，麤中之細，及細中之麤，菩薩境界，細中之細，是佛境界。

此約人分三位。前三染麤，後三染細。執相應染，乃麤中之麤，三賢內凡所覺境界。不斷相應染，分別智相應染，乃麤中之細；現相不相應染，能見不相應染，乃細中之麤；此四染，地上菩薩所覺境界。初七八九地，各離一相。根本業不相應染，乃細中之細；至十地金剛後心，方便滿足，果上能離；故云唯佛能知，二約人對顯竟。

寅三　辨相所依　二　卯一　順論生緣　二　逆顯滅義

此二種生滅，依於無明熏習而有，所謂依因依緣。依因者，不覺義故；依緣者，妄作境界義故。

前二句，通論麤細生滅心，皆依根本無明，熏習眞如，動起三細，轉起麤心；無明通爲其體，故云依於無明熏習而有。下別就二種分因緣，所謂依無明因，生三細不相應染；依境界緣，生三麤相應染：此影略說耳。若具說者，不相應染，依無明不覺爲因，黎耶和合爲緣。相應染，依業識爲因，境界爲緣。楞伽云：「大慧！不思議熏，及不思議變，是現識因；取種種塵及無始妄想熏，是分別事識因。」略同此義。彼雙約生住，故說二因。此單約生緣說也。一順論生緣竟。

卯二　逆顯滅義

若因滅則緣滅。因滅故，不相應心滅。緣滅故，相應心滅。

問曰：若心滅者，云何相續？若相續者，云何說究竟滅？答曰：所言滅者，唯心相滅，非心體滅。

承上染心，既依因緣而生，亦依因緣而滅。初句通論，若得對治根本無明，染因滅時，則所起現識境界之緣，自然隨滅。下別論，不相應心，親依無明因生；因滅，則三細染心亦滅。相應心，親依境界緣生；緣滅，則三麤染心亦滅。此非約剎那生滅義也。○問曰下，交互發難。若境界緣滅時，相應心體亦滅者，則三細未盡，心體已亡，云何而得相續？若謂心體不滅，三細依心而住，故得相續者，則應常相續！云何金剛道後異熟空，三細染心，得究竟滅耶？〇下答有法喻合三。法中所言滅者，但境界無明滅時，麤細染心之相滅；非因緣滅時，六染心體俱滅也。若俱滅者，誰證佛果。

如風依水而有動相。若水滅者，則風相斷絕，無所依止。以水不滅，風相相續。唯風滅故，動相隨滅，非是水滅。

風喻無明，水喻心體，動相是波浪，喻麤細染心。首二句喻無明依心體，方生麤細染心之相。若離心體，不能自現心相。若水滅者三句，反喻若心體滅，則無明無依。以水不滅二句，正喻因心體不滅，無明有所依止，麤細染心之相，得以相續。末三句，喻唯無明滅故，麤細染心之相隨滅，非是心體俱滅也。

無明亦爾，依心體而動。若心體滅，則衆生斷絕，無所依止。以體不滅，心得相續。唯癡滅故，心相隨滅，非心智滅。

心體滅衆生斷絕者：前云衆生依心、意、意識轉。衆生，指諸識言，心滅則無依，自應斷絕。以體不滅者：以境界緣滅時，相應心相滅，而心體不滅，三細染心仍得相續。唯癡滅故者：癡卽無明，無明因滅，則境界緣滅，麤細染心之相隨滅。非心智滅：智卽本覺智體，以對癡之不覺，故云智也。大科一染淨生滅竟。

壬二 染淨相資 四 癸一 畧數列名 二 熏習義 三 熏習相 四 斷常二義

復次，有四種法，熏習義故，染法淨法，起不斷絕。云何爲四？一者淨法，名爲眞如；二者一切染因，名爲無明；三者妄心，名爲業識；四者妄境界，所謂六塵。

上云阿棃耶識，能攝一切法，能生一切法。攝義前已廣說，下顯能生之義。淨法名眞如者：卽生滅門中之眞如；以具三義：一約自體，本來清淨；二約體相，以能內熏令染成淨；三約用熏，以應機而成淨緣，故云淨法也。染因名無明者：三細六麤染法，皆以無明爲因也。妄心：總指業識及分別事識；今但言業識者，舉本該末也。妄境界：卽事識所緣之六塵也。其中染法，具說三種，由自性差別故。淨法唯一，以對染雖成熏義，體用無別故。一舉數列名竟。

癸二　熏習義

熏習義者：如世間衣服，實無於香，若人以香而熏習故，則有香氣；此亦如是。眞如淨法，實無於染；但以無明而熏習故，則有染相。無明染法，實無淨業；但以眞如而熏習故，則有淨用。

此明眞妄互熏，以致因果長劫相續不斷。先明無明熏眞如，眞如爲因，無明爲緣，熏成賴耶三細染相。又業識爲因，境界爲緣，返熏賴耶心體，成六麤染相。足顯眞如無相，隨熏妄現染相。又顯染法無有實體，併無返流之用，故但云相，不云體用也。此約隨流生滅門說。經云：如來藏爲惡習因等。次明無明染法，本無淨業，由眞如內熏，發起始覺之智，覺破生、住、異、滅四相夢念，而成菩提、涅槃、二種常果，故有淨用。眞如，卽生滅門中本覺，故有熏義。此約返流生滅門說。經云：由有如來藏故，能厭生死苦，樂求涅槃也。二熏習之義竟。

癸三　熏習相　二　子一　染法　二　淨法　初中二　丑一　略明

二　廣辨

云何熏習，起染法不斷？所謂以依眞如法故，有於無明。以有無明染法因故，卽熏習眞如。以熏習故，則有妄心。以有妄心，卽熏習無明。不了眞如法故，不覺念起，現妄境界。以有妄境界染法緣故，卽熏習妄心，令其念著，造種種業。受於一切身心等苦。

熏習有二義：一習熏，二資熏。根本無明熏眞如，爲習熏。業識返熏無明，增其不了，爲資熏。又現行心境，及諸惑相資，亦名資熏。以依眞如法故六句，眞如乃所依法體，無明爲能熏染因。能熏卽以所依爲所熏，是謂根本無明熏習。動彼眞如，則有業識之妄心；譬如翳氣依淨眼而起，熏於淨眼，而成病眼。以此妄心，還資熏無明，增其不了，與眞如法違，不覺念起，轉成能見之見分，現一切虛妄境界之相分。此卽無明爲因，生三細也。〇以有境界緣故，還熏動八識心海，起諸識浪，緣念彼境。七識起念分別，相續不斷。六識取著計名，循名造業。依業感報，則受一切身心等苦。此卽境界爲緣，長六麤也。一略明竟。

寅二　廣辨　卽前三種，從後向前，次第說也。

此妄境界熏習義，則有二種。云何爲二？一者增長念熏習，二者增長取熏習。

先明境界熏習：上依業識返熏無明，故現境界；此卽以境界資熏業識，令彼心海，起四麤轉識波浪。增長念者：卽業識以境界資熏之力，增長事識中細分，智相相續相，法執分別念也。增長取者：增長事識中麤分，執取相計名字相，人我見愛煩惱也。

妄心熏習義有二種。云何爲二？一者業識根本熏習，能受阿羅漢、辟支佛、一切菩薩、生滅苦故。二者增長分別事識熏習，能受凡夫業繫苦故。

次明染心資熏無明：一、以業識資熏根本無明，增其不了，不能離念，迷於無相眞如之理。所執法相不忘，能起轉現等相。令彼三乘人，雖出三界，離事識分段麤苦，猶受棃耶變易行苦。此苦通九界，今揀細異麤，故約離麤時說。二、以分別事識，資熏無明，增長見愛煩惱，不了境界不實，則分別執取，起惑造業。隨業所繫，受分段麤苦。故云能受凡夫業繫苦故。

無明熏習義有二種，云何爲二：一者根本熏習，以能成就業識義故。二者所起見愛熏習，以能成就分別事識義故。

後明無明熏習：一、以根本無明，熏習眞如。依不覺故心動，動則起業。生滅不生滅和合，成就阿梨耶業識等。二、以根本所起見思枝末無明，返熏心體，妄生執著，計我我所，循塵分別，成就分別事識。上文云：此識依見愛煩惱，增長義故。一染法竟。

大乘起信論講義卷上終

大乘起信論講義卷下

四明接待講寺　佛教講習所　圓瑛弘悟　述

子二　淨法二　丑一　略明　二　廣辨

云何熏習，起淨法不斷？所謂以有眞如法故，能熏習無明。以熏習因緣力故，則令妄心，厭生死苦，樂求涅槃。

初二句徵問，下答釋。眞如法有二：一眞如自體爲因，二眞如所流教法爲緣。以此熏習因緣力故，則令衆生厭苦求樂，發心修行，捨染趣淨，得成淨業；此本熏也。

以此妄心，有厭求因緣故，卽熏習眞如。

妄心受熏，能起厭求。卽此厭求之心爲淨因，所起淨行爲淨緣，反熏眞如，增其勢力；此新熏也。

自信己性。知心妄動，無前境界。修遠離法。以如實知無前境界故，種種方便，起隨順行。不取不念。乃至久遠熏習力故，無明則滅。以無明滅故，心無有起。以無起故，境界隨滅。以因緣俱滅故，心相皆盡，名得涅槃，成自然業。

此明淨熏功能，從因至果，階級次第也。自信己性者：卽發起大乘正信，信有眞如自性，此當十信位。知心妄動二句，了知一切境界，皆由一心妄動而有，其體本無，此當十解位。修遠離法者：是依解起行，修唯識尋思等比觀，此當行向位。以如實知下，當初地以上，稱眞如實理而知，無有境界可得，證現量智，異前比觀也。種種方便，起隨順行：卽十地位中稱理所起之圓行。不取者，所取無相；不念者，能念不生；久遠卽三祇熏修也。上屬因地，下屬果地。無明滅，則根本無明盡也。心無有起者：以無明旣滅，妄心亦盡也。境界隨滅者：以妄心旣盡，妄境亦空也。卽翻前三種染熏。○因謂無明，緣謂境界，心相謂六染；俱滅皆盡，卽前云因滅故，不相應心滅；緣滅故，相應心滅。復本心源，名得涅槃。起不思議業用，名自然業。至此眞如出煩惱礙智礙也。一略明竟。

丑二　廣辨二　寅一　明妄心熏習　二　顯眞如熏習

妄心熏習義有二種。云何爲二？一者分別事識熏習。依諸凡夫二乘人等，厭生死苦，隨力所能，以漸趣向無上道故。二者意熏習。謂諸菩薩，發心勇猛，速趣涅槃故。

此明妄心資熏，成返流淨行。不同前妄心熏習，而受麤細二苦。其意最微，須當發明。問曰：妄心熏習不成染法，反成淨行者，何也？答曰：前云以有眞如法故，能熏習無明；則令妄心厭生死苦，樂求涅槃；此是妄心已受眞如內熏之力所熏也，是謂本熏。復云以此妄心，有厭求因緣故，卽熏眞如。此熏習者，是已受熏之妄心，反熏眞如也，是謂新熏。然能熏有麤細二義，故約人以彰頓漸。分別事識，卽上意識。以此已受熏之意識，資持力故，發心修行。此依凡夫二乘，尚有分別法執，執心外實有境界，故雖厭生死苦，不了唯心道理，但隨自智力所能，作意修習。以不達本故，趣大菩提，疎而且遠，故曰漸。意熏習者：若就本論，意卽業識；通論卽前五意。諸菩薩以此已受熏之意，資持力故，發心修行。知一切法，唯是識量，發心勇猛，捨彼事識外計分別，直觀眞如法性之理。法法皆眞，法法皆如。以達本故，向大涅槃，親而且近，故曰速也。一明妄心熏習竟。

寅二　顯眞如熏習　二　**卯一　標列**　**二　辨相**

眞如熏習義有二種。云何爲二？一者自體相熏習，二者用熏習。

自體相，自卽本也；體，謂衆生本具，無漏法身理體，亦卽正因佛性；相，謂自性本具無漏功德之相，亦卽稱性功德。此二俱屬眞如，能爲衆生作內熏之因。用，謂法身業用；能爲衆生作外熏助緣。一標列竟。

卯二　辨相　二　**辰一　別釋**　**二　合明**　初中二　**巳一　體相**

二　用大　初又二　**午一　正顯**　**二　除疑**

自體相熏習者，從無始世來，具無漏法，備有不思議業，作境界之性，依此二義，恆常熏習，以有力故，能令衆生，厭生死苦，樂求涅槃，自信己身，有眞如法，發心修行。

此明眞如內熏義。具無漏法者：謂不空本覺體中，具足無量性功德相，卽此體相，名無漏法。有冥熏衆生作用，非物能了，故云備有不思議業，此屬佛性。又非但能熏衆生妄心，令起厭求，成能觀智，亦能與彼觀智，作所觀境界性，此爲法性。依此二義下，顯熏功能。二義，謂體相二大，或境智二法；常熏衆生有力故，能令起厭求心。自信己身，具有如來智慧德相，是心是佛，是心作佛，於是發心修行。一正顯竟。

午二　除疑　二　未一　問　二　答

問曰：若如是義者，一切衆生，悉有眞如，等皆熏習；云何有信無信？無量前後差別，皆應一時自知有眞如法，勤修方便，等入涅槃？

若如是義，承上眞如體相熏習，能令衆生自信眞如，發心修行。則一切衆生，眞如等具，自應等熏！云何有信不信，無量差別：利根鈍根，前後差別耶？既同仗眞如內熏，眞如一性平等，衆生皆應同時自知眞如，起信生解，勤修法門，等入涅槃！不應有疑信利鈍之異也？一問竟。

未二　答　二　申一　約無明厚薄　二　約因緣具闕

答曰：眞如本一，而有無量無邊無明，從本已來自性差別，厚薄不同故，過恆沙等上煩惱，依無明起差別。我見愛染煩惱，依無明起差別。如是一切煩惱，依於無明所起，前後無量差別，唯如來能知故。

答意以眞如本來平等一性、但因無明內熏，自性差別，而有厚薄不同，依之所起煩惱，亦有麤細不一。細卽恆沙上煩惱，麤卽我見愛煩惱，二者俱依無明而起，細者前起，麤者後起。煩惱頭數，無量差別，唯佛能知，因此致令衆生，根機不等，故不得同時信解修證；此皆無明過咎，非眞如不平等也。一約無明厚薄竟。

申二　約因緣具闕

又諸佛法，有因有緣。因緣具足，乃得成辦。如木中火性，是火正因。若無人知，不假方便能自燒木，無有是處。

下明因緣具闕不一，文有法喻合三。法中因緣雙具。佛法有三性：本具眞如，爲正因佛性；經教善知識，而能助發正因，爲緣因佛性；因緣具足，方得開悟，成辨道果，爲了因佛性。如鑽木取火：火性喻本具正因；鑽取喻助發緣因；火出木燒，喻智斷了因。如木中雖有火性，若無人知，不假鑽取方便，火不能發，木不能燒，則因具緣闕，反言能燒無有是處。

衆生亦爾。雖有正因熏習之力，若不遇諸佛菩薩，善知識等，以之爲緣。能自斷煩惱，入涅槃者，則無是處。

下法合。此因具緣闕也。衆生雖有本具眞如，正因佛性，能爲內熏之力，若不遇佛、菩薩、知識開導，及眞如所流教法，以爲助發之緣，則智不能顯，惑不能斷。反言能斷煩惱，證涅槃者，無是理也。

若雖有外緣之力，而內淨法未有熏習力者。亦不能究竟厭生死苦樂求涅槃。

此緣具因闕也。雖有外緣熏力，若無明煩惱障厚故，內眞如淨法，未有熏習勝力，亦不能究竟厭苦求樂也。文中內淨法未有熏習力句，非眞如無熏力，乃障厚熏力不能敵，故衆生有信無信，前後差別，不得一時也。

若因緣具足者，所謂自有熏習之力，又爲諸佛菩薩等，慈悲願護故；能起厭苦之心，信有涅槃，修習善根。以修善根成熟故，則値諸佛菩薩，示教利喜，乃能進趣向涅槃道。

此因緣雙具。謂內仗自性眞如勝因，熏習之力；外又得諸佛菩薩勝緣，助發之力。故令厭生死苦，信有涅槃。此則從本覺眞如，發始覺智，起厭求心。當信位修習出世善根，十信滿心。善根成熟，登三賢位，則值諸佛菩薩，開示教誡，依教行道。得利益成法喜，趣向無上涅槃之道。一體相竟。

巳二　用大二　午一　標列　二　正釋

用熏習者，即是衆生外緣之力。如是外緣，有無量義，略說二種。云何爲二？一者差別緣，二者平等緣。

用從體起，體卽眞如，生佛同具。在諸佛爲法身，在衆生爲本覺。由衆生有本覺，內熏發心之用，故感諸佛法身，外緣成就之用。上文不思議業用，及緣熏習鏡，皆諸佛已證法身，稱體起用，隨機示現。爲求道衆生，作外助緣，而有熏習之用，法身菩薩亦能。如是外緣無量，由能感之機無量，故所感之緣亦無量也。或從事識發心，則見隨類化身，爲差別緣；或從業識發心，則見受用報身，爲平等緣；各隨感而應也。一標列竟。

午二　正釋　二　未一　差別緣　二　平等緣

差別緣者，此人依於諸佛菩薩等。從初發意，始求道時，乃至得佛；於中若見若念。或爲眷屬，父母諸親，或爲給使，或爲知友，或爲怨家，或起四攝。

此人，指能感機；諸佛菩薩，出外緣體。從初發意四句，乃能感機修行時，若見其身形，若念其功德也。下略示所感差別緣相，不出五種：一慈愛以攝之，二居卑以事之，三同類以誘之，四現寃以拆之，五四攝以益之；此五卽所見所念之緣相也。

乃至一切所作，無量行緣。以起大悲熏習之力，能令衆生增長善根，若見若聞，得利益故。

此總顯佛聖利生化用，皆從同體大悲心中，自在成就。以起大悲化用，爲衆生作外緣熏習之力。能令增長善根，見聞利益故。

此緣有二種，云何為二？一者近緣，速得度故。二者遠緣，久遠得度故。是近遠二緣，分別復有二種，云何為二：一者增長行緣，二者受道緣。

此就根熟不熟，開近遠二緣可知。就二緣中復開為二，增長行者，能起施戒等方便行也。受道者，謂依前方便，正觀相應，卽勝進也。一差別緣竟。

未二 平等緣

平等緣者，一切諸佛菩薩，皆願度脫一切衆生，自然熏習，恆常不捨，以同體智力故。隨應見聞，而現作業。所謂衆生依於三昧，乃得平等見諸佛故。

諸佛菩薩，願度衆生，其心平等。以衆生乃諸佛心內衆生，故以同體智力，自然熏習，念念不捨。隨應下，對機顯平等，隨衆生應見之身，應聞之法，而現作不思議業用。衆生指十住以上諸菩薩，依於三昧力，乃得平等而見諸佛報身，無量相好，悉皆無邊，離分齊相。若在散心，則不能見也。一別釋竟。

辰二　合明

此體用熏習分別復有二種，云何爲二？一者未相應，謂凡夫二乘初發意菩薩等，以意意識熏習，依信力故而能修行。未得無分別心，與體相應故。未得自在業修行，與用相應故。

此合明能熏眞如，體用平等。而所熏之機，有二差別。先明未相應位，凡小以意識熏，三賢以五意熏，並未契眞。但依信力而修，其爲行劣。未得無分別心者：無正體根本智，不能與法身體相應。未得自在業者：無證眞後得智，不能與應化身用相應也。

二者已相應，謂法身菩薩，得無分別心，與諸佛智用相應。唯依法力，自然修行，熏習眞如，滅無明故。

此明已相應位，謂地上菩薩，已證平等法身之理，得無分別心，卽如理智，能與眞如體相應。與諸佛智用相應者，乃得如量智，與佛智相之身，大用相應也。唯依法力句，明其行勝。非如前位但依信力，此稱眞如理而修，曰法力。八地以去眞無功用行，任運熏眞，任運滅妄，曰自然修行。三熏習之相竟。

癸四　斷常二義

復次，染法從無始已來，熏習不斷，乃至得佛，後則有斷。淨法熏習則無有斷，盡於未來。此義云何？以眞如法常熏習故，妄心則滅，法身顯現，起用熏習，故無有斷。

此總結染淨二熏斷常義。以染法違眞，無始有終。淨法順理，則無始終。此義云何下，徵釋所以。由眞如法，恆常熏習。起智斷惑，返染還淨。至金剛後心，破生相無明，妄心則滅，故染法有斷。妄心滅處，法身顯現，能起不思議業用，爲衆生作外熏之緣。前云所謂無量功德之相，常無斷絕，隨衆生根，自然相應，種種而現，得利益故。一釋生滅心法竟。

壬二、辨所示之義〇上立義分中，云是心生滅因緣相，前已釋竟。又云能示摩訶衍自體相用故，至此乃釋。正釋大義，兼顯乘義。於中分二：

癸一　體相二大　二　別解用大　初中二

子一　總標二大名　二　分釋二大義

復次，眞如自體相者。

標名可知。

子二　分釋二大義二　丑一　體大　二　相大

一切凡夫、聲聞、緣覺、菩薩、諸佛，無有增減。非前際生，非後際滅，畢竟常恆。

此明十法界，通以眞如爲自體。迷悟共依，生佛平等。在聖不增，在凡不減。過去無始，未來無終，性自寂滅，畢竟常住，恆無斷絕。一體大竟。

丑二　相大　二　寅一　正明性德　二　問答重辨

從本已來，性自滿足一切功德。所謂自體有大智慧光明義故，偏照法界義故，眞實識知義故，自性清淨心義故，常樂我淨義故，清涼不變自在義故。

性自滿足，性卽藏性。上文云二者相大，謂如來藏，具足無漏性功德故。自體者，卽眞如自體。以此二字，冠六義之前，明相從體起。大智慧光明：卽本覺智明，惑不能蔽；窺天鑑地，耀古騰今。偏照法界者：卽實智照理，理無不徹；權智照事，事無不窮。眞實識知者：鑑物忘緣，離顚倒見；了知萬法，唯是一心。自性清淨心者：卽如來藏心，清淨本然，纖塵不立，離諸障垢。常樂我淨者：謂三際不遷，衆苦不迫；二死不繫，諸惑不染。清涼不變自在者：永離熱惱，常住寂滅，一切諸業，悉皆解脫。

具足如是過於恆沙，不離、不斷、不異，不思議佛法，乃至滿足無有所少義故，名爲如來藏；亦名如來法身。

如是，指上性德，過於恆沙，謂德相無量也。眞體相應曰不離，恆常相續曰不斷，平等一味曰不異。性相融通，理事交徹，一多無礙，染淨不乖，曰不思議。一切佛法，皆相大攝。乃至滿足無有所少者：極盡諸法之詞；以無法不含，無法不攝，故名如來藏。又眞窮覺滿，萬德具足故，亦名如來法身。法身者，積聚法性之理，以爲身也。以是二名，足徵相大，乃自體之相大也。一正明性德竟。

寅二　問答重辨　二　卯一　執體疑相難　二　相不違體答

問曰：上說眞如，其體平等，離一切相。云何復說體有如是種種功德？

此難由未達平等離相之旨，執眞同妄。平等者，乃法法皆眞，法法皆如。既無法不眞，無法不如；則離一切虛妄相，非無稱性之功德也。

卯二　相不違體答　二　辰一　差卽無差　二　無差而差

答曰：雖實有此諸功德義，而無差別之相，等同一味，唯

一眞如。此義云何？以無分別，離分別相，是故無二。

此答卽體之相，相不異體。德相雖多，平等一味，唯是一如。譬依金成器，器器皆金。此義云何下，釋成一切差別之相，皆從妄心分別而有。以無能分別之心，則離所分別之相，是故體相無二。○又以眞如體性，本無分別。稱性功德，亦離分別之相。是無分別故，則無二也。

辰二　無差而差

復以何義得說差別？以依業識，生滅相示。

問：既是無二，復以何義，上文得說如是差別之相？答：因依業識，不覺爲因，生起恆沙染法，生滅之相；由始覺對治彼染，返流還淨，示有恆沙淨德，差別之相也。

此云何示？以一切法，本來唯心，實無於念。而有妄心，不覺起念，見諸境界，故說無明。心性不起，卽是大智慧光明

義故。

初句問對染表示之相，下逐舉對顯。以諸法本來唯是一心眞如之理，實無虛妄心念。因有妄心，不覺依眞而起，業相轉相，見諸境界。繼起麤相，乃有麤細染心，故說本末無明。對顯心性不起，卽是本覺智明。

若心起見，則有不見之相。心性離見，卽是徧照法界義故。

上句明妄見偏局，下對顯離見，則智照無遺。

若心有動，非眞識知，無有自性，非常非樂非我非淨，熱惱衰變，則不自在。

此中四義，無對顯之文，例前可知。若心有動一句，貫下諸義。動則成妄，妄識倒知，曰非眞識知。妄染無體，曰無有自性。妄法無常苦空無我不淨，曰非常非樂非我非淨。妄惑熾然，曰熱惱。妄念遷流，曰衰變。妄業繫縛，曰不自在。對顯若心不動，則離顛倒見，自性清淨，具足四德，清涼不變，得大自在也。

乃至具有過恆沙等妄染之義，對此義故，心性無動，則有過恆沙等諸淨功德相義示現。

乃至二字，超略指廣之詞。眞如本自不動，無差別相。但由妄心，動成恆沙染相。須知對治彼染，返流還淨，自有恆沙德相示現也。

若心有起，更見前法可念者則有所少。如是淨法無量功德，卽是一心，更無所念。是故滿足，名爲法身，如來之藏。

若心有起，不知法法唯心，更見心外有法。起念相應者，卽無明染法未盡，淨心未圓，則有所少。如是下，明淨法滿足一切德相，卽是一心，心外更無少法可得。既無有法，豈有所念，是故滿足，名爲法身，徧一切處。如來之藏，含攝無量淨德矣。二相大竟。

癸二　別解用大　二　**子一　總明**　**二　別釋**

復次，眞如用者，所謂諸佛如來，本在因地，發大慈悲，修諸波羅密，攝化衆生，立大誓願，盡欲度脫等衆生界。亦不限劫數，盡於未來。以取一切衆生，如己身故；而亦不取衆生相。此以何義？謂如實知，一切衆生，及與己身，眞如平等，無別異故。

此對果擧因，以明用大之本。謂諸佛在因地，緣苦惱衆生，發慈悲行願，廣修六度，與樂拔苦，行也。誓度生界，不限劫數，願也。以取一切衆生，如己身，亦不取衆生相者，上取字，卽觀義，以智慧觀察，自他平等，無我相、人相、衆生相、壽者相。下不取卽不著也，如金剛般若云：如是滅度無量無數無邊衆生，實無衆生得滅度者。此以何義下，釋其所以。謂稱眞如實理而知，衆生與我，皆是假名，無非幻相。雖屬幻相，而幻化空身，體卽法身，故曰眞如平等無異也。

以有如是大方便智，除滅無明，見本法身。自然而有不思議業，種種之用。卽與眞如等，徧一切處。又亦無有用相可得。

此牒因顯果。方便智，卽始覺反染還淨之智。對治我法二種邪執，至金剛後心，究竟道，本末無明斷盡，始本合一，親見本有法身；此自利果也。以下顯用，卽利他果也。自然二句，顯用勝妙，不假作意。卽與眞如二句，顯用稱性，廣大周徧。末句顯用離相，卽照而寂。然此大用，法身本具。向被無明障蔽，不得現前。今智圓惑盡，故乃得顯，亦畢竟無相可得。

何以故？謂諸佛如來，唯是法身智相之身，第一義諦，無有世諦境界，離於施作。但隨衆生見聞得益，故說爲用。

首句徵問。然佛具三身，何以無有用相？下釋，謂諸佛唯是法身妙理，本智之身。前云智相無可見故，屬第一義諦。眞空不空，妙有非有，無有世諦境界，生滅等相。以其體本無為，離於施作。即使眾生見佛相好，聞佛說法，但隨機得益，皆由眾生心水淨，菩提影現中。而諸佛清淨法身，猶若虛空，應物現形，如鏡現像，豈有施作耶。此即寂而照，故說為用。一總明竟。

子二　別釋二　丑一　正顯用相　二　問答釋疑　初中二　寅一　直顯其用　二　重牒分別　初又二　卯一　應身　二　報身

此用有二種。云何為二？一者依分別事識。凡夫二乘心所見者，名為應身。以不知轉識現故，見從外來，取色分齊，不能盡知故。

首二句標徵，下就因位所見，以顯果用不同。先就凡夫二乘所見。以彼不知七八二識，但依六識分別，向計實有外塵。今六識受熏，所見佛身，亦謂心外。順彼分別事識計度，見三十二相應身麤相，不見報身細相。故般若經云：不應以三十二相見如來；若以色見我，以音聲求我，是人行邪道，不能見如來。經意要眾生離分別事識也。以不知轉識現故下，釋見麤相所以。由彼迷於唯心之理，故不知轉識所現。心外取境，計從外來。不達卽色是心，本無分齊，故云取色分齊，不能盡知無量莊嚴也。一應身竟。

卯二　報身

二者、依於業識，謂諸菩薩從初發意乃至菩薩究竟地，心所見者，名爲報身。

此就菩薩所見。依根本業識，受本覺不思議內熏，及所修淨行資熏之力。從初住以去，上歷三賢十地，乃至菩薩第十究竟地。而三賢三昧心中所見，及十地任運心所見者，皆佛報身細相。實唯心現，不從外來，以眞心無外故。

身有無量色，色有無量相，相有無量好。所住依果，亦有無量種種莊嚴。隨所示現，卽無有邊，不可窮盡，離分齊相。隨其所應，常能住持，不毀不失。

此明所見報相。前三句正報，中三句依報，隨所下合明，卽圓滿報身。今那身土，自他圓融，無障無礙。隨所示現，等周法界，無邊無盡，離分齊相，異前應身分齊之色。此由菩薩稱性觀察，一一諸法，悉皆心之全分。故所見報相，身毛塵刹，相卽相入，重重無盡。卽分齊，而無分齊之相可得，自在難思。隨其所應，皆卽常住，三災不壞也。

如是功德，皆因諸波羅密等無漏行熏，及不思議熏之所成就。具足無量樂相，故說爲報身。

此結果由因。因中修行萬行，果上圓滿萬德。首句指上萬德莊嚴果報之相，皆由菩薩修行六度十度等無漏因行所熏，及本覺不思議內熏之力，所得成就，圓滿舍那身土，無量樂相，故說報身。是知諸佛種種果用，不離因心。○問：佛身何故唯衆生轉識現耶？答：轉識，卽阿梨耶中轉相。依此轉相，方起現相，現諸境界。此識眞妄和合：若隨妄熏，妄惑力勝，依惑造業，故現生死染相；妄雖有功，離眞不立。若隨眞熏，眞如用發，返流出纏，故現報化淨相；眞雖有功，離妄不顯。報化二相，由衆生厭求心勝劣而分。以本覺熏妄心，乃知厭生死苦，樂求涅槃。有厭求故，眞用卽現。凡夫二乘，厭求心劣，所現應身，用相卽麤。菩薩厭求心漸勝，所現報身，用相亦漸細。故報化二身，不離衆生識現，此就緣起說其用耳。◯問：若如是，乃衆生自心眞如之用，云何說佛報化耶？答：華嚴云；心佛及衆生，是三無差別。衆生之心，卽佛法身。從法身起報化用，故得說佛報化也。◯問：報化旣從衆生心起，此中何以云因諸波羅蜜等生耶？答 諸波羅蜜，亦從衆生心起。喻如世間佛像，依金銀土木而成；金銀土木依地而生，卽說佛像從地大生，有何不可？此約終敎緣起義說。若約始敎，卽佛悲智，爲增上緣；衆生機感種子，爲因緣。託佛本質上，自心變起報化影像，故云在自識中現也。餘如瑜伽唯識相宗說。一直顯其用竟。

寅二　重牒分別

又爲凡夫所見者，是其麤色，隨於六道，各見不同。種種異類，非受樂相，故說爲應身。

此別釋應身，隨類所見不一。如三惡道習，見佛三尺之身；如提謂等以人天位，見佛爲樹神，及天神等身。準此，則六道衆生，各隨業感，見佛不同。種種異類，皆非出世受樂相。如二乘人等，見佛丈六金軀，爲出世相，是阿羅漢等聖人之身。由應機示現不同，故說爲應身。

復次初發意菩薩等所見者，以深信眞如法故，少分而見。知彼色相莊嚴等事，無來無去，離於分齊，唯依心現，不離眞如。然此菩薩，猶自分別，以未入法身位故。

此別釋報身，三賢所見，不同地上。前總說依業識，三賢十聖所見，皆報身。然位次既有淺深，相用不無轉勝，故此重明。首句舉十解初心，等取三賢諸位。三賢發心，志斷無明，深信眞如。其修觀，但依六識分別比觀門。見眞如理，是相似覺，故云少分而見，此見卽見理。上所見者，卽所見報身。深信二字，揀異前後，前十信，雖信而未深，後十地，已證不徒信。○知彼色相莊嚴等事者：知卽觀智，彼卽佛。知佛報身報土，本無來去，亦無分齊，唯依一心眞如所現。以見眞如故，揀異凡小，取分齊相。末三句，揀異地上；然此菩薩，但少分見於眞如，猶自不離分別比觀。以未入初地，親證法身之位，故不得無分別之智。

若得淨心，所見微妙，其用轉勝。乃至菩薩地盡，見之究竟。

此顯地上所見，以親證眞如，故其相微妙，其用轉勝。漸漸圓滿，至金剛後心，眞窮惑盡，故云見之究竟。○然上所說二身，經論各異。同性經說：穢土成佛，名爲化身；淨土成佛，名爲報身。金鼓經說：三十二相，八十種好等相，名爲應身；隨六道相所現之身，名爲化身。攝論說：地前所見，名變化身；地上所見，名受用身。今此論說：六道所見差別之相，名爲應身；十解已上菩薩所見，離分齊相，名爲報身。有如是種種不同，各有理據。如攝論爲說地前散心所見，有分齊相，故屬化身；此論乃說三賢三昧所見，離分齊相，故屬報身；自不相違。

若離業識，則無見相。以諸佛法身，無有彼此色相迭相見故。

上云報身，依業識見。因有業識，則有轉相現相。報身雖妙，但屬修顯。始覺返迷歸悟，未離能所，猶有所見。若始覺還源，離諸業識，則無轉識之見，與現識之相，惟是一眞法界。不屬迷悟，不假緣生，即本有法身，生佛平等。以諸佛法身，絕諸對待，無有彼此色相更迭相見。迭字與彼此相關，所見彼此不一，能見更迭而轉。所既不立，能亦不存，能所雙忘，唯一法身。一正顯用相竟。

丑二 問答釋疑

問曰：若諸佛法身，離於色相者，云何能現色相？答曰：即此法身是色體故，能現於色。所謂從本已來，色心不二。以色性即智故，色體無形，說名智身。以智性即色故，說名法身，徧一切處。所現之色，無有分齊，隨心能示十方世界無量菩薩，無量報身，無量莊嚴，各各差別，皆無分齊，而不相

妨。此非心識分別能知，以眞如自在用義故。

問意不了法身離相，不礙現相。答意以明色心不二，法報冥一。總顯圓融無障礙法界，以歸一心本源。心爲法界大總相法門體，法身卽一心之異稱，名異體同，故曰卽此色體故，能現於色。○所謂下別顯色心不二。色從心起，色卽是心。以事攬理成，全事卽理，故云以色性卽智。色體本空，無形可得，說名智身，智乃本覺心智也。此顯性色眞空，妙有非有之義。○又心能現色，心卽是色。以理能成事，全理卽事，故云以智性卽色。如水徧在波中，水性卽波性，說名法身徧一切處。此顯性空眞色，眞空不空之義。正由眞心無礙，故得空色無礙，所現之色，無有分齊。自他身土圓融，而不相妨，如帝珠網，重重卽入，互徧互含。由理事無礙，故得事事無礙。此非妄識分別能知，皆是眞如大自在用也。本科生滅門竟。併上眞如，乃顯示正義大科，第一別釋二門，顯動靜不一竟。

庚二　會相入實顯動靜不異

復次，顯示從生滅門，卽入眞如門。所謂推求五陰，色之與心。六塵境界，畢竟無念。以心無形相，十方求之，終不可得。如人迷故，謂東爲西，方實不轉。衆生亦爾，無明迷故，謂心爲念，心實不動。若能觀察，知心無念，卽得隨順入眞如門故。

此二門對顯，會生滅門，染淨諸相，卽眞如門，平等實性，不必離相覓性，乃卽俗卽眞，動靜不異，性相一如也。所謂下，釋卽入之義；不必向別處下手，卽觀察五陰色心二法。色陰是色，受想行識是心。先觀色法，六塵境界，舉外色爲所觀境。境從心起，離心畢竟無相可念。〇次觀心法，有法喻合三。法中以受想行識，爲所觀境。非獨色法無相，卽心法亦無形相。楞嚴經云：汝身汝心，皆是妙明眞心中所現物。旣爲所現，本無自體。如像依鏡現，像體卽是鏡體。十方求其心相，終不可得。〇又如二祖求達摩初祖安心。祖云：將心來，與汝安。二祖曰：覓心了不可得。正由無相，故不可得。喻中舉迷人迷東爲西，正迷之時，妄自錯認，而方實不轉爲西。迷方原是正方，無有西相可得。○衆生亦爾下法合。由最初一念無明迷故，於眞淨心中，妄起種種夢念。不知心實不動，由來離念。若能起觀照般若，照見眞心實相，本無受想行識，念相可得者，卽得頓悟一心之妙，隨順入眞如門矣。此以如如智，契如如理，全相卽性，動卽無動。一大科顯示正義竟。

戊二　對治邪執　二　己一　就本總標　二　別明治障

對治邪執者。一切邪執，皆依我見。若離於我，則無邪執、

邪執雖多，我見爲本。根本既伏，枝末自枯也。

己二　別明治障　二　庚一　對治離　二　究竟離　初中二　辛一　標列　二　辨相

是我見有二種。云何爲二？一者人我見，二者法我見。

我者，主宰之義。計五蘊身中，實有主宰，妄執爲我。有我則必有人，人我對待，謂之人我見。如若我見既亡，則人見亦泯矣。○問：此下所述，並於眞如法上起計，非於五蘊身中起執，云何說人我見耶？答：此有二釋：一、謂此等乃是佛法內初學大乘凡夫，人我之見未亡者，迷教妄執，隨言執義，不解如來說法旨趣，非是外道所執。乃從能執人得名，故云人我見，亦云人我執。○二、謂如來藏中，有本覺義，卽是當人於上妄計，執爲能證，故云存我覺我，此是菩薩所執。今屬前義。○法我見者，計一切法，各有體性，實有生死可斷，實有涅槃可證。生死涅槃，爲我所計之法，故曰法我見，此二乘人所執也。一標列竟。

辛二　辨相二　壬一　人我見　二　法我見

人我見者，依諸凡夫，說有五種。云何爲五？

此先總標，下方別解。五種執中，不出空有二邊。前二於空謬執，後三於有倒知。

一者、聞修多羅說，如來法身，畢竟寂寞，猶如虛空。

此執頑空爲法身也；先敘起執緣。因衆生不達法身無相之理，但以三十二相觀如來，執佛實有色相可見。故說法身畢竟寂寞，清淨無相，猶如虛空，以破彼執也。

以不知爲破著故，卽謂虛空是如來性。

次明所執相。因不知經中所說，爲破除著相之故，聞而不解，迷彼說意，捨一執轉起一執，遂謂頑空是如來性。

云何對治？明虛空相是其妄法，體無不實，以對色故有，是可見相，令心生滅。以一切色法，本來是心，實無外色。若無外色者，則無虛空之相。所謂一切境界，唯心妄起故有。若心離於妄動，則一切境界滅。

後辨對治法。當知虛空之相，亦是妄法。其體本無，乃偏計所執，不是眞實之法。上三句明情有理無。以虛空乃對待之法，對色顯故。妄執爲有，猶是可見之相，令心緣念生滅，非是絕待法身之性；此釋情有也。以一切色法，本來是心，實無心外色相可得。色相既無，誰顯空相！此釋理無也。所謂下，重釋唯心之義，以顯虛空是妄非眞。如楞嚴云：一人發眞歸元，十方虛空，悉皆消殞。

唯一眞心，無所不徧。此謂如來廣大性智究竟之義，非如虛空相故。

此顯法身是眞非妄。境既唯心，無所不徧。此心卽如來淸淨法身，廣大圓滿。本覺性智究竟義者，卽法法全彰，遮那妙體，豈同虛空相耶。

二者、聞修多羅說，世間諸法，畢竟體空，乃至涅槃眞如之法，亦畢竟空。從本已來自空，離一切相。

此執法身爲斷滅也；先敍起執緣。如聞大品云，乃至涅槃如幻如夢，若有法勝涅槃者，我說亦復如幻如夢也。此等義理，不獨諸法體空，卽涅槃亦空。本來自空，離一切染淨之相。

以不知爲破著故，卽謂眞如涅槃之性，唯是其空。

次明所執相。因不知經中所說，爲不了世出世法，皆假名非眞，計著實有者，說畢竟空，以破彼計。由迷說意，依言生解，妄計眞如涅槃，爲斷滅空。

云何對治？明眞如法身自體不空，具足無量性功德故。

後辨對治法。眞如法身，有如實空、如實不空二義。如實空者，空諸妄計，遠離一切心境界相。如實不空者，常恒不變，自體具足恒沙性功德相，豈同斷滅空耶？前二皆墮空見。

三者、聞修多羅說，如來之藏無有增減，體備一切功德之法。

此執藏性同色心也；先敘起執緣。聞說如來藏性，平等一味，法法皆眞，法法皆如，在聖不增，在凡不減。卽此體中，具足無量功德之相。

以不解故，卽謂如來之藏，有色心法自相差別。

次明所起執。因不知一切功德乃稱性之功德，全相卽性，性相一如，等無差別。由迷說意，執眞同妄，謂實有色心差別之相。

云何對治？以唯依眞如義說故。因生滅染義示現說差別故。

後辨對治法。當知無有增減者，唯依眞如體大義說故。諸法平等，色心不二，元無差別。所云體備一切功德之法者，因對生滅染法之義，示現無漏性功德相，乃是隨染幻而說差別也。又對業識生滅染法差別，故成始覺。萬德差別，藏性豈同色心差別耶。

四者、聞修多羅說，一切世間生死染法，皆依如來藏而有。一切諸法，不離眞如。

此執藏性有生死也；先敘起執緣。聞說一切世間諸法，皆依藏性隨緣而有。藏性卽所依眞體，能依不離所依，故云不離眞如。

以不解故，謂如來藏，自體具有一切世間生死等法。

次明所起執。因不解藏性隨緣不變之義，染而不染，則謂藏性自性實有世間生死染法。

云何對治？以如來藏從本已來，唯有過恆沙等諸淨功德。不離不斷，不異眞如義故。

後辨對治法。重在唯有二字；藏性自體淸淨，故唯有稱體淨德。不離者：淨德之相，卽自體之相。不斷者：自體恆常，相亦如是。不異眞如義者：法法全眞，如金器不異眞金故。

以過恆沙等煩惱染法，唯是妄有，性自本無。

煩惱頭數甚多，過於恆沙。曰染法者，以違眞如淨性故。前六種心相，皆得染名。末二句重唯是二字，以妄染理無，不同淨德；喻如空華，病眼妄見，性自本無。

從無始世來，未曾與如來藏相應故。若如來藏體有妄法，而使證會永息妄者則無是處故。

此明妄不入眞。眞如從本以來，自性清淨，一切染法不相應。能所不立，心境雙泯。若藏性體中實有染法，而使證眞時，會妄歸眞，永息妄相者，則無是處。此反結藏性離染之義。

五者、聞修多羅說，依如來藏，故有生死；依如來藏，故得涅槃。

此執染淨有始終也；先敘起執緣。生死，染法也；涅槃，淨法也。若染若淨，皆不離藏性，是故曰依。

以不解故，謂衆生有始。以見始故，復謂如來所得涅槃，有其終盡，還作衆生。

次明所起執。因不知如來藏隨流，成生死染法，則染法全體性空，本無始相可得，遂執衆生有始。於染旣計有始，於淨必計有終，故云以見始故，乃至還作衆生等。○楞嚴經，富樓那云：本妙覺明，與如來心，不增不減，無狀忽生山河大地，諸有爲相。有爲相指衆生也；此同衆生有始之計。又云：如來今得妙空明覺，山河大地，有爲習漏，何當復生；其意以如來返妄歸眞，得復本來無物妙空之體，同衆生未生諸法之前妙明覺性，平等無二。衆生旣從眞起妄，則如來亦應從眞復起其妄；此同涅槃有終，還作衆生之計。○又圓覺經，金剛藏問云：十方異生，本成佛道，後起無明；一切如來，何時復生一切煩惱？俱是執衆生因性有始，如來果德有終也。

云何對治？以如來藏無前際故，無明之相亦無有始。若說三界外，更有衆生始起者，卽是外道經說。

後辨對治法。當知如來藏，卽是一心。一心爲諸法之本源，無有前際。無明之相，亦無有始。如金與鑛，二俱無始。衆生生死，豈有始起耶。若說三界外，更有衆生始起者，如仁王經云：若說三界外別有一衆生界者，是外道大有經中說，非七佛說也。

又如來藏無有後際。諸佛所得涅槃與之相應，則無後際故。

如來藏，過去無始，未來無終。諸佛斷德究竟，復本心源，始本合一。所得涅槃，與如來藏相應，常恆不變。如金出鑛，既已成金，不復為鑛。盡未來際，不生不滅，如來涅槃，豈有終盡耶？此三皆墮有見，合前二共成五見，乃凡夫有人我見者，以六識分別，聞教謬執，不能離言得義也。一人我見竟。

壬二　法我見

法我見者，依二乘鈍根故，如來但為說人無我，以說不究竟，見有五陰生滅之法，怖畏生死，妄取涅槃。

前敘起執緣。依二乘人，根機愚鈍；如來不與說諸法緣起之理，但為說人無我理。人之所以稱我者，不過積聚五陰，假名為我。離却五陰生滅之法，本無我相可得。○下明所起執。以但說人無我理，悟證我空。未說諸法眞常之理，是謂說不究竟；故不了法法唯心，生死卽是涅槃。妄見心外實有五陰生滅之法，怖畏生死，求出三界，妄取涅槃也。

云何對治？以五陰法，自性不生，則無有滅，本來涅槃故。

後辨對治法。不獨我空，卽五陰諸法，亦復全體性空。生實不生，滅亦無滅，衆生本來常住，入於涅槃。古德有云：幻化空身卽法身。若知此義，則法執自遣矣。一對治離竟。

庚二　究竟離

復次，究竟離妄執者，當知染法淨法，皆悉相待，無有自相可說。

妄執，卽人法二執；五住地惑，須要亡言絕思，妙契眞如，方得究竟離。下明忘言所以。當知染淨諸法，相待而成。如中論云：若法因待成，是法還成待。旣屬對待，本無自相可說也。

是故一切法，從本已來，非色非心，非智非識，非有非無，畢竟不可說相。

是故，承上相待之故。一切法雖多，色心二字，收無不盡。若究諸法本源，唯是一眞法界，離一切法差別之相。以無六塵境界，故非色。亦無虛妄心念，故非心。離聖見，故非智；離凡情，故非識；此二仍顯非心。不著相，故非有；不滯空，故非無；此二仍顯非色。能所雙亡，色心互泯。如中論云：今則無因待，亦無所成法。畢竟亡言，以顯眞如也。

而有言說者，當知如來善巧方便，假以言說，引導衆生。

此會釋伏疑。問：法旣亡言，如來何以說出種種言教？答：而如來有所言說，皆屬善巧方便，隨機破執，因病設藥。但以假言說，引導於衆生。

其旨趣者，皆爲離念歸於眞如。

此辨定聖意。其字指佛，趣卽歸也。佛之說法，或空有互破，色心並遣；

或染淨相遮，聖凡不立。其旨趣，皆爲以言而顯無言之理，令衆生永離差別妄念，歸於平等眞如。前云：當知一切法，不可說，不可念，名爲眞如。皆指歸離念眞如也。

以念一切法，令心生滅，不入實智故。

此反顯念之當離。因念一切法，令心分別，生滅相續，不入眞如寂滅實智故。前云；若離於念，名爲得入。二對治邪執竟。

戊三　分別發趣道相 三　己一　總顯名義　二　分別標列　三　依

次辨相

分別發趣道相者，謂一切諸佛所證之道；一切菩薩發心修行趣向義故。

首句牒名，下總顯名中之義，不出立義分中大乘二義。謂諸佛果上所證菩提涅槃之道，原屬一心三大，卽大義。菩薩因中發心修行，皆以此爲所趣向，卽乘義。菩薩趣向佛道，能趣之行，淺深不等，故下科分別其相，顯解起行，故云發趣；歷位取證，是謂道相。一總顯名義竟。

己二　分別標列

略說發心有三種。云何爲三？一者、信成就發心。二者、解行發心。三者、證發心。

此發心三種相，通該菩薩因行諸位。信成就發心者：正在十住，兼取十信。十信修習信心滿足，名信成就。由此堪能發決定心，不退善根，進入十住初心，故云信成就發心。解行發心者：正在十向，兼取十行。能解法空，順行十度；行既純熟，發回向心，入十向位，故云解行發心。證發心者：初地以上，證眞如理，發自在用。前二但相似發心，後一是眞實發心。二分別標列竟。

己三　依次辨相　即爲三　庚一　信成就發心　三　辛一　明信成之行　二　顯發心之相　三　畧發心利益

信成就發心者，依何等人？修何等行？得信成就，堪能發心？

此問明發心有三意：一能修人，二所修行，三至何時得信成就，堪能發決定心，入正定聚。

所謂依不定聚衆生。

衆生雖多，不出三聚。分別三聚，復有多門。今約初住已上菩薩，決定不退，爲正定聚。未入信位，不信因果，名邪定聚。十信位人，欲求佛道，志不決定，時進時退。故本業經云：十信菩薩，如空中毛，隨風轉動，名不定聚，謂之毛道凡夫。今依此等人，明其修行。此答初意也。

有熏習善根力故信業果報能起十善，厭生死苦，欲求無上菩提，得値諸佛，親承供養，修行信心。

力者力用，通指熏習與善根二種力。謂有教法資熏，及本覺內熏之力，併前世所修諸善根力。信知因果不昧，有業定招果報，故能捨惡從善，修福德分善也。厭二種生死苦，欲求如來無上菩提道果，成善提分，及解脫分善也。下明修行緣，依此信行，得與諸佛，生生同生一處，親承供養，修行十種信行。

此答第二意也。

經一萬劫，信心成就故。諸佛菩薩，教令發心。或以大悲故，能自發心。或因正法欲滅，以護法因緣，能自發心。

首二句明時滿行成，下明所感勝緣。勝緣雖多，略舉三種：一種他力，二三自力，亦可同下三心。諸佛菩薩教以聖道，令發直心，正念眞如，此仗他力也。或大悲內熏，愍念衆生沉淪之苦，廣運悲心，多方濟度，此由自力也。或因如來正法將欲滅時，爲不斷佛種故，以護法因緣，能發深心，廣興饒益，樂集諸善之行，此亦由自力也。

如是信心成就，得發心者，入正定聚，畢竟不退；名住如來種中，正因相應。

首二句承上，如是一萬劫，修行信心滿足，是謂成就，故得發十住初心。善根成熟，入正定聚，畢竟不墮凡小之地。十住生佛家，而爲佛子，與如來氣分交接，故名住如來種中。正因者，本覺內熏之因。住位菩薩，行順內熏之因，故曰相應。又對果說，依此所修之因，定得如來正果，因果相應故。此答第三問也。

若有衆生，善根微少，久遠已來，煩惱深厚。雖值於佛，亦得供養。然起人天種子，或起二乘種子。設有求大乘者，根則不定，若進若退。

此下舉劣顯勝。攝論云：諸菩薩在十信位中，修行大乘，未堅固者多，厭怖生死，慈悲衆生，心猶劣薄。先明內因劣相，善根力微，煩惱惑重。眞如雖有內熏之力，惑障一時難破。故雖值佛供養，倒求人天小果。而於大乘，信根不定，進退猶豫，皆內因熏力劣故。

或有供養諸佛，未經一萬劫，於中遇緣，亦有發心。所謂見佛色相而發其心；或因供養衆僧而發其心；或因二乘之人，教令發心；或學他發心。

此明外緣劣相。一行時未滿，二遇緣不勝。所發四心，皆非菩薩智悲之心。見佛色相發心，如阿難見佛三十二相，勝妙殊絕；常自思惟，此相非是欲愛所生，是以渴仰，從佛出家。此以生滅心爲本修因，不能發明大乘不生滅性。○供僧發心：如梁武帝造寺度僧，廣興供養。不達廓然無聖之旨，猶是人天有漏果報。○二乘教令發心，遇師不勝，解行自卑。學他發心：他字在二乘句之下，卽指二乘爲他，仍然囿於小道。若指佛菩薩爲他，但學其模樣，未能同其心理，同其解行，同其志願，豈下所發三心之可比耶。

如是等發心，悉皆不定，遇惡因緣，或便退失，墮二乘地。

此結成退失。首句指上所發四心，以信未成就，不能入正定聚；故云悉皆不定，未免遇緣成退。一明成信之行竟。

辛二顯發心之相　二　壬一　正明三心　二　問答除疑

復次，信成就發心者，發何等心？略說有三種。云何爲三？一者直心，正念眞如法故；二者深心，樂集一切諸善行故；

三者大悲心，欲拔一切衆生苦故。

上明發心因緣，此明所發之心。首二句牒問，下標釋。妙行雖廣，三心統收，故略說三也。直心者：心如直絃，不偏不倚，無諸委曲，與眞如中道之理相應，故曰正念眞如。此心爲自利利他，智悲二行之本，故列在前。深心者：智深也；知眞如具足性德，故樂脩衆善，稱性無著，以成自利行。悲心者：悲切也；觀衆生眞如體同，故拔濟羣苦，令得菩提，以成利他行。此卽大乘三聚淨戒：既正念眞如，則遠離一切差別之念，無惡不斷也。既樂集善行，則衆善奉行，無善不修也。既欲拔衆苦，則平等普濟，無有情不度也。○亦卽是彼三回向：初回向實際；次回向菩提；後回向衆生。如來三德三身，皆由此故。以直心正因理心發，成法身德；深心了因慧心發，成般若德；悲心緣因善心發，成解脫德。又正念眞如，契入法身淸淨之體；樂修善行，莊嚴報身萬德之相；廣拔物苦，示現應身淨緣之用。一正明三心竟。

壬二　問答除疑　二　**癸一　問　二　答**

問曰：上說法界一相，佛體無二。何故不唯念眞如，復假求學諸善之行？

問意但據眞如理一，不知衆生惑異。菩薩了知自他煩惱無盡，故法門無量誓願學也。

癸二　答　二　子一　正答前問　二　重顯方便

答曰：譬如大摩尼寶，體性明淨，而有鑛穢之垢。若人雖念寶性，不以方便種種磨治，終無得淨。

答意：須假衆善對治，一眞方顯；先喻後法。摩尼寶，此云如意寶，體無二相，具足衆寶，隨意所需，悉皆普雨。喻眞如一相，體含衆德，寶性雖淨，一向埋沒汙泥之中，而有鑛穢之垢。若人但念寶性，處染不染，不假磨治之功，終不得淨。

如是，衆生眞如之法，體性空淨，而有無量煩惱染垢。若

人雖念眞如，不以方便種種熏修，亦無得淨。

此下法合。眞如，即生滅門中之本覺。其體性雖隨緣不變，如實空淨；以在纏有無量染垢。若人雖念眞如自性淸淨，不假善行熏治煩惱，本覺無由出纏，安得離垢淸淨？合喻可知。

以垢無量，徧一切法故；修一切善行，以爲對治。

此明修善所以。因染垢無量，故須備修衆善，以爲對治。

若人修行一切善法，自然歸順眞如法故。

此明善行稱眞而起，故能外除妄染，內順眞如。一正答前問竟。

子二　重顯方便二　丑一　標徵　二　別釋

略說方便有四種。云何爲四？

依上三心，而起四行：第一、依直心，修觀照方便，無住行。二，三、依深心，修止作方便，自利行。第四、依悲心，修大願方便，利他行。

丑二　別釋

一者、行根本方便。謂觀一切法，自性無生，離於妄見，不住生死。觀一切法，因緣和合業果不失。起於大悲，修諸福德，攝化衆生，不住涅槃。以隨順法性無住故。

根本卽眞如，方便爲入道法門。依眞如理，所起行，故曰行根本方便。眞如有不變隨緣二義。先約不變義，觀一切諸法，性本無生，不執實有。以大智斷惑；離諸妄見。惑斷則業空，因亡而果喪，故不住生死。次約隨緣義，觀諸法因緣和合業果不失。念衆生迷眞逐妄，枉受輪迴。以大悲熏心，入廛垂手，廣修福德，種種攝化無量衆生，故不住涅槃。此皆依直心正念眞如，不著空有，二利繁興，隨順眞如法性無住，修無住行也。

二者、能止方便。謂慚愧悔過，能止一切惡法，不令增長，以隨順法性離諸過故。

此止持門，勤斷二惡：一、未生惡，慚愧卽便能止。慚者慚己，依自法力，謂自恥我欲爲善人，豈可行此惡行。愧者愧他，依世間力，謂恐人厭賤譏訶，不敢親近惡友。二、已生惡，悔過自不增長。悔者悔悟，既往不諫，來者可追，不敢仍蹈前愆。此隨順法性離過，修離過行也。

三者、發起善根增長方便。謂勤供養禮拜三寶，讚歎隨喜，勸請諸佛。以愛敬三寶淳厚心故，信得增長，乃能志求無上之道。又因佛法僧力所護故，能消業障，善根不退。以隨順法性離癡障故。

此作持門，勤修二善：一、未作善，發起令作，得種善根。二、已作善，努力精進，增長善根。勤供養等五願，卽善根。以愛敬下，得生智益，知求佛道。又因佛法僧力下，得滅障益，善根成熟，隨順法性離癡，修離癡行也。○供養，離慳貪障；禮拜，離我慢障；讚歎，離毀謗障；隨喜勸請，離嫉妬障。○又愛敬有四料揀：一、愛而非敬，如母於子等。二、敬而非愛，如僕於主等。三、亦敬亦愛，如修行者於三寶等。四、非愛非敬，如人於怨家等。

四者、大願平等方便。所謂發願盡於未來，化度一切衆生，使無有餘，皆令究竟無餘涅槃，以隨順法性無斷絕故。法性廣大，徧一切衆生，平等無二，不念彼此，究竟寂滅故。

大願平等，即順法性所發之願，盡於未來，長時心也；度生無餘，廣大心也；令入涅槃，第一心也。此隨順法性無盡，修無盡行也。〇下明起大願意。知法性廣大周徧，衆生等具，無二無別。究竟寂滅者，金剛般若云：所有一切衆生，我皆令入無餘涅槃，而滅度之。如是滅度無量無數無邊衆生，實無衆生得滅度者，即此義焉。二顯發心之相竟。

辛三　畧發心利益四　壬一　顯勝德　二　明微過　三　指權施　四　歎實行

菩薩發是心故，則得少分見於法身。以見法身故，隨其願力，能現八種利益衆生。所謂從兜率天退、入胎、住胎、出胎、出家、成道、轉法輪、入於涅槃。

是心，即前三心。十解菩薩，依比觀門，見法身理：或依人空門，見於法身。未至深位，故云少分見也，此自利德。以既見法身，則乘大願輪，運智運悲，初住即能示現八相，利益衆生，此利他德。八相小乘無住胎，大乘少降魔。以了知魔即是佛，佛界如，魔界如，一如無二如故。一顯勝德竟。

壬二　明微過

然是菩薩未名法身。以其過去無量世來，有漏之業，未能決斷。隨其所生，與微苦相應。亦非業繫，以有大願自在力故。

先揀異地上。未名法身者：但依信力，得少分見，未證眞故，以其過去下，釋其所以。謂初住菩薩，留惑潤生，過去之業種，未曾決斷。故有變易、及隨業分段微苦。末二句，揀異凡夫。謂雖有微苦，亦非業繫受身；爲益生故，不捨塵勞。以有大悲願力所持，於報修短，而得自在。二明微過竟。

壬三　指權施

如修多羅中，或說有退墮惡趣者，非其實退。但爲初學菩薩，未入正位，而懈怠者，恐怖令彼勇猛故。

此防難問。菩薩既離業繫，願力自在，何以瓔珞本業經說：七住已前，名爲退分，若不值善知識者，若一劫乃至十劫，退菩提心。如舍利弗等，欲入第七住，其間值惡知識因緣故，退入凡夫，不善趣中？答：此乃權語，非是實退。但爲恐怖初學懈怠之人，策發勇猛故。

壬四　歎實行

又是菩薩，一發心後，遠離怯弱，畢竟不畏墮二乘地。若聞無量無邊阿僧祇劫，勤苦難行，乃得涅槃，亦不怯弱。以

信知一切法，從本已來自涅槃故。

怯弱，謂二乘人，聞說佛道長遠，久經時劫，心生怯弱，畏難懈退。十解菩薩，既見法身，成就大志，故得遠離。入正定聚，故不畏退墮也。雖聞涅槃難得，亦不生怯弱之心。以信知下，出其所以。因信成就故，了知十世古今，不離當念。一切諸法，本來涅槃。一信成就發心竟。

庚二　解行發心二　**辛一　總標歎勝**　**二　顯其勝相**

解行發心者，當知轉勝。

位在十回向，解行二字，兼取十行。以十行菩薩，能解法空，順行十度，行滿發回向心。比前信滿入住，當知轉勝。

辛二　顯其勝相二　**壬一　經時勝**　**二　解行勝**

以是菩薩，從初正信已來，於第一阿僧祇劫，將欲滿故。

此菩薩從初正信，發心修行，至第十向位，滿第一阿僧祇劫。梵語阿僧祇，此云無數。今至向位，望於初地，鄰而且近，故云將欲滿也。

壬二　解行勝

於眞如法中，深解現前，所修離相。以知法性體無慳貪故，隨順修行檀波羅密。以知法性無染，離五欲過故，隨順修行尸波羅密。以知法性無苦，離瞋惱故，隨順修行羼提波羅密。以知法性無身心相，離懈怠故，隨順修行毗梨耶波羅密。以知法性常定，體無亂故，隨順修行禪波羅密。以知法性體明，離無明故，隨順修行般若波羅密。

前三句總明，卽緣了二因。深解眞如，了因解勝也。異前位故曰深，異後位但曰解。所修離相，緣因行勝也。下則別舉。檀卽佈施，尸卽持戒，羼提卽忍辱，毗梨耶卽精進，禪卽禪定，般若卽智慧。智論云：若修人天事六度，及二乘所修，皆未離相。以不達三輪體空，但云檀等度，不足云波羅密。今知法性無慳等，了知法性離諸障蔽，卽顯深解現前，隨順修行。謂隨順法性而修，修卽無修，非事相之染修，卽顯所修離相，一一皆到彼岸，故得云波羅密。此發心所依之解行也。二解行發心竟。

庚三　證發心　三　**辛一　明發心體　二　明發心相　三　明成滿德**

證發心者，從淨心地，乃至菩薩究竟地。

此標地位。證發心者：入初地破無明，親證眞如，開發一心，是爲正證。能發眞如大用。前三賢，雖云順性；但是比觀。二執分別未離，無明細惑未破，非爲正證。淨心地，卽初地。究竟地，金剛後心也。

證何境界？所謂眞如。以依轉識，說爲境界。而此證者，無有境界，唯眞如智，名爲法身。

此明行體，卽根本智。證何境界句，是設問，所謂眞如，此正證相也。然本智正證之時，以如智契如理，智理一如，實無能所，豈有境界耶。因依轉識假說正證中，定有眞如，爲所證境，境卽現相，必依轉相而起，故曰依也。山此菩薩，業識未盡，轉現猶存，是以假說爲境界。而實此正證眞如者，離能所相，如智獨存，無有境界。唯是眞如智相之身，名爲法身也。

是菩薩於一念頃，能至十方無餘世界，供養諸佛，請轉法輪。唯爲開導利益衆生，不依文字。

下明勝用，卽後得智。以正證眞如，法界平等，十方刹土，自他不隔於毫端，故能於一念頃，徧至無餘世界。以普賢行願威神力，普現一切如來前，供佛請法。如因陀羅網境界門，一珠趣多珠，多珠含一珠。唯爲下顯其請意，以見一切衆生平等，故唯開導一心眞如之理，利益衆生，不依語言文字。

或示超地，速成正覺，以爲怯弱衆生故。或說我於無量阿僧祇劫當成佛道，以爲懈慢衆生故。能示如是無數方便，不可思議。

此明權行。或示超諸地位，不歷階級，速成正覺。如華嚴善財，一生事辦；法華龍女，八歲成佛，以爲怯弱衆生，怖畏佛道長遠者，激發其希望之心。或說久遠得道，如釋迦三祇行滿，以爲懈慢衆生，中途忽生退縮者，策發其精進之念。能示下總結。如是者，以此例推，隨根調伏，有種種不可思議之權行。

而實菩薩種性根等，發心則等，所證亦等，無有超過之法。以一切菩薩皆經三阿僧祇劫故。

此據實行。前雖權示諸行差別，而實菩薩同是大乘種性，根機平等。由根等故，發心修行亦等。由行等故，所證眞如亦等。由法性平等故，本無超過之法。以皆經三無數劫，延促同時，一際平等也。

但隨衆生世界不同，所見所聞，根欲性異，故示所行，亦有差別。

此約應機。菩薩實行不殊，但因衆生根機樂欲之性有異。故各隨見聞，示有無量差別之行。一明發心體竟。

辛二　明發心相

又是菩薩發心相者，有三種心微細之相。云何爲三？一者眞心，無分別故；二者方便心，自然徧行利益衆生故；三者業識心，微細起滅故。

菩薩雖證法身，以有三種微細心相，故不同佛耳。一、眞心，卽根本智，無有分別故。二、方便心，卽後得智，任運隨機，徧益衆生故。三、業識心，卽阿梨耶，理實亦有轉現，今但略舉根本。此非發心之德，舉顯二智起時，有微細生滅，不同佛地淨德也。二明發心相竟。

辛三　明成滿德二　癸一　正顯勝德　二　問答除疑

又是菩薩功德成滿，於色究竟處，示一切世間最高大身。謂以一念相應慧，無明頓盡，名一切種智。自然而有不

思議業，能現十方，利益眾生。

此明究竟果德。以因圓果滿，於色究竟天示成正覺。色究竟處，乃色界頂天。佛佛成道，皆於此天坐蓮華宮，現最高大身成等正覺，乃報身佛也。○謂以下別明德滿。一念相應慧者：一念始覺智，覺至心源，始本合一，故云相應。本末無明頓盡，顯照諸法，名一切種智。此自利行滿，亦即前智淨相也。○自然而有不思議業者：稱體起用，不假作意，能現三輪不思議化，普徧十方，利益眾生。此利他用勝，亦即前不思議業相也。一正顯勝德竟。

癸二　問答除疑二　子一　問一切種智　二　問自然業用

問曰虛空無邊故，世界無邊。世界無邊故，眾生無邊。眾生無邊故，心行差別亦復無邊。如是境界，不可分齊，難知難解。若無明斷，無有心想，云何能了，名一切種智？

問：虛空世界無邊，眾生心行，種種差別。此情無情境，即有心想，尚難知其分齊。若無明斷滅，六種染心俱盡，無有心想，云何能了無邊之境，名爲一切種智耶？此問乃欲以有思惟心，測度如來不思議境界者也。

答曰：一切境界，本來一心，離於想念。

明離念境界，唯證相應，非識心思量所能分別。境雖無邊，不出一心，本來離一切虛妄想念故。若證心源，自然相應；如明鏡當臺，萬象斯鑑。

以衆生妄見境界，故心有分齊。以妄起想念，不稱法性，故不能決了。

此舉非。以衆生妄見境界之相，則見量不周，心量有限，故有分齊。下釋成。以妄起想念，內爲六識所錮，中爲六根所局，外爲六塵所障，不得稱眞如法性，一一了知。如前云，若心起見，則有不見之相。

諸佛如來，離於見想，無所不徧。心眞實故，卽是諸法之性。自體顯照一切妄法。

此顯是。以諸佛離於業識，則無見相。一心平等，能所雙亡。無所不徧者：無妄見故，無所不見也。心眞實者：佛心離妄，故曰眞實。此指生滅門中本覺，卽是諸法之實性。一切妄法，卽上虛空世界衆生心念，並是本覺自體之相。佛心旣離於妄，不難顯照。如前云：心性離見，卽是徧照法界義故。

有大智用，無量方便隨諸衆生所應得解，皆能開示種種法義。是故得名一切種智。

大智用，卽始覺返染還淨，復本心源，成究竟智用也。具有無量方便，隨順衆生心念差別，應以何法而得悟入，善能開示種種法義，是故得名一切種智。種智者，一切智之種也。善知衆生微細心念起滅頭數，乃至種種欲，種種憶想分別，無不了知。一問一切種智竟。

子二 問自然業用

又問曰：若諸佛有自然業，能現一切處，利益衆生者。一切衆生，若見其身，若覩神變，若聞其說，無不得利。云何世問，多不能見？

問：諸佛既有自然不思議業，大用普周，利益衆生。中四句，略擧利益之事。末句發難：云何不見？

答曰諸佛如來，法身平等，徧一切處。無有作意故，而說自然，但依衆生心現。衆生心者，猶如於鏡，鏡若有垢，色像不現。如是衆生心若有垢，法身不現故。

此中有法喻合。佛身充滿於法界，普現一切衆生前，故云平等：不假功用，自然饒益。但依衆生心現者：心體本覺，卽眞如法身。衆生迷時，法身埋於五道。若返迷還悟，始覺起厭求心，卽於自心，顯現佛身報化之相。〇喻可知。合中心合鏡喻。垢指妄染。法身合色像。心有垢，而佛不現，非佛咎也。華嚴經云：譬如日光，普照大地，有目共覩，獨生盲者不見；亦復如是，意貴在機也。〇前文分別發趣道相，乃約入正定聚者，依法修行，不斷佛種，已明大乘之義。下文復說修行信心分者，特爲未入正定聚衆生，開示信心，令發正行，乃明起信之義。三解釋分竟。

丙四　修行信心分　四　**丁一　結前起後　二　就人標意　三　約法廣辦　四　防退方便**

已說解釋分，次說修行信心分。

結前起後可知。

丁二　就人標意

是中依未入正定衆生，故說修行信心。

此依劣機，發心不定，修信未滿，恐墮二乘。故特說四信、五行，令其修行，使信成滿，入正定聚也。

丁三　約法廣辦　二　**戊一　先興二問　二　信行逐答**

何等信心？云何修行？

此徵問信行。以前既說三心四行，具明進趣修證。今又說何等信心？云何修行耶？但問意不達機有勝劣，前者機勝，聞說三心四行，遂正信眞如，無別歧路，卽便進修。此機劣障重，必假多種方便以調攝之。故復說四信五行，使信成滿也。一先與二問竟。

戊二　信行逐答二　己一　四種信心　二　五門修行

略說信心有四種。云何爲四？一者、信根本。所謂樂念眞如法故。

初二句標徵。一信根本者，信眞如爲諸法之根，萬行之本。既信已，則必樂念觀察。此云樂念，較前直心正念，卽勝劣之分也。

二者、信佛有無量功德。常念親近、供養、恭敬，發起善根，願求一切智故。三者、信法有大利益。常念修行諸波羅密故。四者、信僧能正修行，自利利他。常樂親近諸菩薩衆，求學如實行故。

佛圓滿萬德，爲一切智人，故常念親近等。願求者，即求成佛道也。大乘之法，乃度生死海之舟航，得到涅槃彼岸，故常念修行也。僧曰能正修行，乃稱眞如正理而修，上求下化，即地上大菩薩僧。故常樂親近，求學如實行也。上信眞如，乃內因勝。此信三寶，即外緣勝。內外交熏，因緣具足，信心速得成就。一四種信心竟。

己二　五門修行　二　**庚一　標列**　二　**別解**

修行有五門，能成此信。云何爲五？一者施門，二者戒門，三者忍門，四者進門，五者止觀門。

能成者，以有信無行，信力不充，遇緣便退，故須修五行，方能使信成滿。五行即六波羅密行；禪慧雙修，合爲止觀門，故唯五也。一標列竟。

庚二　別解　即爲五　**辛一　施門**

云何修行施門？若見一切來求索者，所有財物隨力施與，以自捨慳貪，令彼歡喜。若見厄難恐怖危逼，隨己堪任

施與無畏。若有衆生來求法者，隨己能解，方便爲說，不應貪求名利恭敬，唯念自利利他，廻向菩提故。

此三檀等施。初財施；若見厄難四句，無畏施；若有衆生下，法施。末二句下化上求也。一施門竟。

辛二 戒門

云何修行戒門？所謂不殺、不盜、不婬，不兩舌、不惡口、不妄言、不綺語，遠離貪嫉、欺詐諂曲，瞋恚、邪見。若出家者，爲折伏煩惱故，亦應遠離憒鬧，常處寂靜；修習少欲知足，頭陀等行。乃至小罪，心生怖畏，慚愧改悔。不得輕於如來所制禁戒。當護譏嫌，不令衆生妄起過罪故。

此三聚淨戒。初不犯三業，攝律儀戒。若出家者六句，攝善法戒。梵語頭陀，此云抖擻，即抖擻塵勞煩惱。乃至小罪心生怖畏下，饒益有情戒。小罪如一星之火，能燎須彌之山。慚愧者，未作之罪，即便能止。改悔者，已作之罪，不敢更作。不輕小制，令衆譏嫌而起過罪，則自護戒相，即攝衆生。非特不令妄起過罪，亦嚴淨毘尼，可以弘範三界。二戒門竟。

辛三　忍門

云何修行忍門？所謂應忍他人之惱，心不懷報。亦當忍於利衰毀譽稱譏苦樂等法故。

此有二忍。前耐怨害忍，亦當下安受忍。得財曰利，損耗曰衰，攻惡爲毀，歎德爲譽，揚善曰稱，刺過曰譏，逼身爲苦，適意爲樂；四順四逆，合爲八風，能擊衆生心海，起貪瞋煩惱波浪，忍之則八風不動矣。三忍門竟。

辛四　進門

云何修行進門？所謂於諸善事，心不懈退。立志堅强，遠離怯弱。當念過去久遠已來，虛受一切身心大苦，無有利

益。是故應勤修諸功德，自利利他，速離衆苦。

先明進相。善心不懈，立志堅强，故離怯弱。當念下，觀察策進。以行人多顧惜色身，不肯勇於爲善。故當念無始至今，生死死生，不爲修行，虛受無量身心大苦。捨生趣生，身苦也。刹那生滅，心苦也。悉皆枉受，全無利益。今爲修行，何以反惜此身？應當勤修二利，速離衆苦。

復次，若人雖修行信心，以從先世來，多有重罪惡業障故，爲邪魔諸鬼之所惱亂。或爲世間事務，種種牽纏。或爲病苦所惱。有如是等衆多障礙。是故應當勇猛精勤，晝夜六時，禮拜諸佛，誠心懺悔，勸請隨喜，迴向菩提，常不休廢。得免諸障，善根增長故。

次明治障。由過去業障爲因，故現感魔鬼等之報障。對此機故，以示治障方便。勸禮諸佛，請求加護，乃治障總相。誠心下別明。懺悔治惡業障，勸請治謗法障，隨喜治嫉妬他障，迴向治樂三有障。如上四行，不出止作二持。常勤修習，不休不息。由初一止持，得免諸障。後三作持，增長善根。四進門竟。

辛五　止觀門二　**壬一　寄問**　**二　釋相**

云何修行止觀門？

寄問可知。

壬二　釋相二　**癸一　略明**　**二　廣說**

所言止者，謂止一切境界相，隨順奢摩他觀義故。所言觀者，謂分別因緣生滅相，隨順毗鉢舍那觀義故。

此明止觀相，卽六度之定慧二門。今約因行，必須止觀雙修，故合爲一門。一切境界相，卽前塵所分別境。止者，以慧照觀察，無外境界，徧計本空；以此方便，得入奢摩他空觀。又顯卽止之觀，所謂境界體合眞空，不外一心照了；卽順眞如門，成根本無分別智也。○因緣生滅相，卽染淨諸法。觀者，以慧照分別，萬法唯識，依他如幻；以此方便，得入毗婆舍那假觀。又顯卽觀之止，所謂分別諸法幻有，畢竟性常自空；卽順生滅門，成後得差別智也。○又梵語奢摩他，華言止；毗婆舍那，華言觀。今華梵並存者，前約方便，故用華言。後約雙現前，方爲正止觀，故用梵語以別之。

云何隨順？以此二義，漸漸修習，不相捨離，雙現前故。

此徵釋隨順義。卽以止觀方便，由淺及深，相資並運，不落沉掉，故曰不相捨離。雙現前者，寂照均等，二邊不住也。居空不捨萬行，涉有不染一塵，中道一心，融會二諦，卽趣大乘之要門。前四門但是助成方便，論意正在止觀一門，故下備顯修相。欲趣大乘者，於此宜究心焉。一略明竟。

癸二　廣說 三

子一　修止　二　修觀　三　雙運 初中五

丑一　修止方法　二　顯止勝能　三　辨其魔事　四　簡僞異眞　五　示益勸修 初又三

寅一　託靜息心　二　定成不退　三　障重不入

若修止者，住於靜處，端坐正意。不依氣息，不依形色，不依於空，不依地水火風，乃至不依見聞覺知。一切諸想，隨念皆除，亦遣除想。

此廣說修止方法。首宜安住阿練若寂靜處，離諸喧雜，及息緣務，調攝身心。端坐者，端身趺坐，不俯不仰，調身也。正意者，單提一念，驀直去，不浮不散，亦不沉沒，調心也。不依下，不復緣託，一切皆離。依氣息，即數息觀，依形色，即不淨觀，皆小乘行。不依此二，離身也，乃不墮小行。依空，即厭有趣空之凡夫天；依四大，即婆羅門等，求火光明，樂水清淨，愛風周流，觀塵成就，勤心役身，各各崇事，皆外道行。不依五大，離境也，亦不墮凡外行。乃至不依見聞覺知下，離心也，亦不墮意識窠臼。所謂內脫身心，外遺世界，根塵識三，所不爲礙也。○見聞覺知，依境而有。一切諸想：即依見聞覺知，所起分別之識心。隨念皆除者：念即識心想念，有善有惡，有世間出世間。隨之云者，非但惡念當除，即善念亦復不立。又非但凡情當斷，即聖見亦復不存。亦遣除想者：若有一能除想念之心在，卽粗垢雖落，細垢猶存。必須所除既無，能除亦遣。泯然寂靜，方與無念眞如相應。○故古德教人參禪云：善惡都莫思量。又云：離心意識參。出凡聖路，學參禪之要，無越乎此。

以一切法，本來無相，念念不生，念念不滅。

此釋上雙遣義。以一切諸法，體卽眞如，本來無有所想之境，及與能想之心。能所性空，皆無自體。無體則不生，不生則不滅，是以遣無可遣也。

亦不得隨心外念境界，後以心除心，心若馳散，卽當攝來住於正念，是正念者，當知唯心無外境界，卽復此心，亦無自相，念念不可得。

此承上既遣無可遣，則心境一如，不得隨妄所轉，心外緣念境界，然後却以心除心。若有能除所除，卽是以妄除妄，猶未離妄，不契無念眞如之理。縱然初習，心多馳散，卽當攝住正念。謂想念纔生，卽便照破，不待外緣而後攝也。是正念者，此句牒名，以下解釋。當知諸法唯心，實無外境。所取之境既無，能取之念亦寂，故云亦無自相，念念不可得也。

若從坐起，去來進止有所施作，於一切時，常念方便，隨順觀察。

修止非直坐時，故從坐起，動轉施爲，餘威儀中，一切時處，隨緣修習，常念方便。隨順法性，正念觀察。心境無相，能所雙泯，勿得稍懈。一託靜息心竟。

寅二　定成不退

久習淳熟，其心得住。以心住故，漸漸猛利，隨順得入眞如三昧。深伏煩惱，信心增長，速成不退。

修習既久，功用淳熟，其心自然得住，住卽止也。妄念不起，安住無爲。因心止故，定力漸漸猛利，隨順方便，得入眞如自性三昧。煩惱深伏不起，信心日益增長，速得入住，成不退位。

寅三　障重不入

唯除疑惑、不信、誹謗、重罪業障，我慢、懈怠，如是等人所不能入。

唯除者，反顯離障無不得入也。其中障有六：一、疑惑者，於理猶豫。二、不信者，是闡提人。三、誹謗者，屬外道輩。四、重罪業障者，謂五逆四重。五、我慢者，則自恃貢高。六、懈怠者，乃放逸不勤。如是六種障，隨有一種之人，即不能入。一修止方便竟。

丑二　顯止勝能

復次依是三昧故，則知法界一相。謂一切諸佛法身，與衆生身平等無二，即名一行三昧。當知眞如是三昧根本。若人修行，漸漸能生無量三昧。

是三昧，即眞如三昧。依此能知法界一相；法界者，十法界也。一相，即諸佛衆生，等無差別；即名一行三昧，此二三昧，名異體同。如文殊般若經云

：何名一行三昧？佛言：法界一相，繫緣法界，是名一行三昧。入一行三昧者，盡知恆沙諸佛法界，無差別相。乃至廣說，以是義故，當知眞如三昧，乃總持王三昧。總持百千三昧，故曰根本，乃至能生無量三昧也。

寅三　辨其魔事

或有衆生，無善根力，則爲諸魔外道鬼神之所惑亂。若於坐中現形恐怖，或現端正男女等相。當念唯心，境界則滅，終不爲惱。

梵語魔羅，此云殺者，能殺害行人法身慧命。初二句致魔之由。如其善根充足，一切魔事，不能發生。若善根力薄，則爲魔外鬼神所惑。魔能壞定，楞嚴經中，約五陰未破，廣示五十種魔事，淺深不一，於三昧時，僉來惱亂。此中略出三相：一、現可畏之身，怖之以失志。二、現可愛之身，惑之以生染。三、現希有等事，誘之以入邪。則定心成就之與破亂，皆由心中主人。主人若迷，客得其便。主人不迷，則彼魔事無奈汝何。故此通示對治方法，當起正念觀察，一切唯心，心外無法。凡所有相，皆是虛妄。如是則魔境卽滅，終不爲惱。如楞嚴云：彼如堅冰，汝如沸湯，煖氣漸隣，不日消殞；云何敢留，擾亂禪定。

或現天像、菩薩像、亦作如來像，相好具足。或說陀羅尼，或說布施、持戒、忍辱、精進、禪定、智慧，或說平等、空、無相、無願、無怨無親，無因無果，畢竟空寂，是眞涅槃。

下廣辨魔事，共有四對。此現身說法對：天像，凡夫勝報；菩薩、佛像，出世聖身。陀羅尼者密教，六度三解脫等顯教。此皆魔鬼伎倆，順行人願求之心，種種示現。眞僞難分，邪正莫辨，行人易受其惑。若心生取著，便墮邪網。此中惟無因無果三句，以斷滅爲涅槃，尙易知其魔說也。

或令人知宿命過去之事，亦知未來之事，得他心智，辯才無礙。能令衆生，貪著世間名利之事。

此發通具辯對：若行人貪求宿命知見，魔得其便。發彼神識，令知過未諸事。或得他心，能知他人心行差別。或得四無礙辯，善說諸法。此等皆當不作聖心，免入邪悟。勿貪著世間名利恭敬。

又令使人，數瞋數喜，性無常準。或多慈愛，多睡多病，其心懈怠。或卒起精進，後便休廢。生於不信，多疑多慮。或捨本勝行，更修雜業。若著世事，種種牽纏。

此起惑造業對：數者乍也，準者定也。由性無定故，一切無定。瞋喜等出無定之相，雖有慈愛精進，亦非正行。以未具正見，依惑所起故。末四句造業。捨本修勝行，更修諸餘雜業，取著世間五欲之境，被境所縛。

亦能使人，得諸三昧，少分相似，皆是外道所得，非眞三昧。或復令人，若一日若二日若三日乃至七日，住於定中。得自然香美飲食，身心適悅，不飢不渴，使人愛著。或亦令人，食無分齊，乍多乍少，顏色變異。

此得定改容對：使人得定得食，顏色變異。正欲魔誘淫之術所使。所得之定，既無慧力，罔辨邪正。而食爲人生大欲，能令自然而得，且復香美；食已悅身心，除飢渴，人必易生愛著。顏色變異者：卽易老還童，血氣充滿，有益壽延年之狀，亦愛著之一端。

以是義故，行者常應智慧觀察，勿令此心，墮於邪網。當勤正念，不取不著，則能遠離是諸業障。

此對治魔事。以是定中魔境，邪正難知之故，當依古德相傳，略以三法驗之。一以定研磨，二依本修治，三智慧觀察。如經云：欲知眞金，三法試之，謂燒打磨也。常應智慧觀察者，卽第三法。依隨分所有覺慧，觀定中所發境相。推究根源，無有實體，凡所有相，皆是虛妄；以此慧照光明，能破邪魔幽暗，境當自滅。猶如燒金，若是僞金，卽當焦壞。倘不觀察被魔所惑，則墮邪網，故曰常應，曰勿令。○當勤正念下，卽前二法。以定研磨，依本修治也。正念者，謂止一切境界相，隨順眞如三昧硏磨。了知唯心，無外境相，卽說法現通等心，亦不可得。但依本止門修治，不取不著，卽能遠離諸障，亦如打磨金也。若非眞金，便失柔軟相，光赤色。倘不硏磨修治，以僞亂眞，無由離障。故論主殷殷垂訓，曰當勤，曰則能。○又如智度論云：除諸法實相，其餘一切，皆是魔事。偈云：若分別憶想，卽是魔羅網，不動不分別，是卽爲法印。此之謂也。三辨其魔事竟。

寅四　簡僞異眞二　卯一　約邪正簡　二　對理事簡

應知外道所有三昧，皆不離見愛我慢之心，貪著世間名利恭敬故。眞如三昧者，不住見相，不住得相；乃至出定，亦無懈慢。所有煩惱，漸漸微薄。

此文承上得定而來，雖有所得，畢竟非眞，故示以應知。而外道之定爲邪定，以常與貪癡見慢四惑相應。內著邪定，外貪名利，是謂錯亂修習，都成魔業。○眞如三昧者，正定也。湛然寂照，一切無著，不住能見之心相，不住所得之境相；能所雙忘，心境不立。卽出定亦不貪名利，故無憫；不著我見，故無慢。所有煩惱，皆由貪著而得增長。既無貪著，不期自遣矣。正由此定，非强制識心之定，動靜一如，無出無入。若强制之定，入之則有，出之則無。在定縱經多劫，必以靜而礙動，出定稍涉須臾，必以動而礙靜。未得謂得，未證謂證，邪見密興，種智消滅。則邪正不可不辨也。一約邪正簡竟。

卯二　對理事簡

若諸凡夫，不習此三昧法，得入如來種性，無有是處。以修世間諸禪三昧，多起味著，依於我見，繫屬三界，與外道共。若離善知識所護，則起外道見故。

先明理定。此三昧，卽稱眞如理性，所修一行三昧也。大乘菩薩，依此法門，方登初住，不退位中，入於如來種性。上二界天人，不習此定，必不能入，故云無有是處。〇下明事定。因彼天人，所修四禪四空八定，皆屬世間增上有爲果報。未離六識，多味著定境。未離我見，故不出三界。與外道共者：若得善知識護助之力，或可得入佛法，以免報盡還來。否則起外道邪見，天報旣盡，五衰相現，謗阿羅漢，身遭後有，墮入惡趣。則理事二定，辨之不可不愼也；庶免蒸沙作飯，塵劫無成！四箇僞異眞竟。

卯五　示益勸修二　辰一　總標　二　別列

復次精勤專心修學此三昧者，現世當得十種利益。云何爲十？

修學正定，卽成佛之正因。未來利益，不可思議。現世精專，略陳十益。

辰二　別列

一者、常爲十方諸佛、菩薩之所護念。

此得護念益，以眞如三昧，妙契聖心故。

二者、不爲諸魔惡鬼所能恐怖。三者、不爲九十五種外道鬼神之所惑亂。四者、遠離誹謗甚深之法，重罪業障，漸

漸微薄。五者、滅一切疑，諸惡覺觀。

此得滅障益。前二，外惡緣障，由修學三昧，正念觀察，諸法本空，無外境界，故不爲魔鬼恐怖，外道惑亂。後二，內惑業障，謗法乃極重罪業，疑心邪觀，俱屬深惑。以深信唯心之理，正念現前，自可離諸疑謗，滅其惑業。

六者、於如來境界，信得增長。七者、遠離憂悔，於生死中勇猛不怯。

此得信進益。如來境界者：諸法平等，生佛一如，性相不二。深信此理，故曰增長。由信如來境界，生死卽涅槃，故離憂悔。勇猛精進，心不怯弱。

八者、其心柔和，捨於憍慢，不爲他人所惱。九者、雖未得定，於一切時，一切境界處，則能減損煩惱，不樂世間。十者、若得三昧，不爲外緣一切音聲之所驚動。

此得安忍益。八、心柔離慢，既無我人之相，豈有順逆之境，故不爲惱。九、雖未得定，了知諸法無性，一切時處，不起惑染；故能損惱，不著世欲。十、得定忘緣，外緣實該六塵，獨標音聲者，以入定時，五根俱閉，唯耳根虛通。聲塵易動，今言不動，所謂入流亡所也。一修止竟。

子二　修觀二　丑一　明修觀意　二　辨修觀相

復次，若人唯修於止，則心沈沒，或起懈怠，不樂衆善，遠離大悲。是故修觀。

若有止無觀，唯向眞如，專於趣寂，心易沈沒，便起懈怠，則有二失：一、不樂衆善，失於自利，故下法相觀以治之，精進觀以成之。二、遠離大悲，失於利他，故下大悲觀以治之，大願觀以成之。一明修觀意竟。

丑二　辨修觀相四　寅一　法相觀　二　大悲觀　三　大願觀　四　精進觀

修習觀者，當觀一切世間有爲之法，無得久停，須臾變

壞。

此無常觀也。橫觀十方一切世間，卽情器二世間，皆是有爲生滅之法，因緣和合，虛妄有生，因緣別離，虛妄名滅。界有成住壞空，人有生老病死，非常住法，故曰須臾變壞。

一切心行，念念生滅，以是故苦。

此苦觀也。心行，卽行陰。念念生滅，新新不住，如暴流水，波浪相續，是謂行苦。

應觀過去所念諸法，恍惚如夢。應觀現在所念諸法，猶如電光。應觀未來所念諸法，猶如於雲，忽爾而起。

此無我觀也。豎觀三際：過去無體如夢，現在不住如電，未來忽起如雲：本來無我。

應觀世間一切有身，悉皆不淨，種種穢汙，無一可樂。

此不淨觀也。身爲革囊盛糞，從頭至足，三十六物，種種不淨。又經云：當觀此身，猶如毒蛇，故無可樂。上四觀爲除凡夫四倒。一法相觀竟。

寅二　大悲觀

如是當念一切衆生，從無始世來，皆因無明所熏習故，令心生滅，已受一切身心大苦，現在卽有無量逼迫，未來所苦，亦無分齊，難捨難離，而不覺知，衆生如是，甚爲可愍。

此觀衆生，自有無明以來，惑業苦三，相續不斷。備受三世重苦，不得捨離。久處長夜，尚不知起厭求心。蓋衆生本具佛性，枉受如是生死之苦，甚可憐愍，故動菩薩同體大悲。

寅三　大願觀

作此思惟，卽應勇猛立大誓願。願令我心離分別故，徧於十方，修行一切諸善功德。盡其未來，以無量方便，救拔一切苦惱衆生，令得涅槃第一義樂。

此因悲立願。思惟衆生與我同體，故當發願救拔。離分別者，不顚倒心也。視大地衆生，猶如一己，無我人衆生壽者之相。徧於下，分身塵剎，萬行繁興。盡未來劫，長時心也。救拔一切，廣大心也。令得涅槃樂，第一心也。

寅四　精進觀

以起如是願故，於一切時一切處，所有衆善，隨己堪能，不捨修學，心無懈怠。

此依願精進，衆善奉行。多方濟度，竭盡心力，而不懈退。二修觀竟。

子三　雙運三　丑一　總標　二　別辨　三　總結

唯除坐時，專念於止。若餘一切，悉當觀察，應作不應作，

若行若住，若臥若起，皆應止觀俱行。

此約四威儀，唯坐時專修止行。餘威儀中，悉當止觀雙運。順理者應作，違理者不應作。止觀如車兩輪，如鳥兩翼，單輪易覆，孤翼難飛，未可偏廢也。一總標竟。

丑二　別辨二　寅一　約法　二　治障

所謂雖念諸法自性不生，而復卽念因緣和合善惡之業，苦樂等報，不失不壞。雖念因緣善惡業報，而亦卽念性不可得。

此中二雖字卽字，卽含不偏雙運之意。文有二段，交互發明。前雖念諸法自性不生，當體卽空，止也。而卽念因緣業果，纖毫無差，廣修衆善，卽止之觀也。次雖念善惡業報，依他似有，觀也。而卽念諸法隨緣顯現，性不可得，卽觀之止也。此居空不捨萬行，涉有不染一塵。寂照雙流空有不滯，一心雙運，實圓頓妙修之旨矣。一約法竟。

寅二　治障

若修止者，對治凡夫住著世間，能捨二乘怯弱之見。若修觀者，對治二乘不起大悲狹劣心過，遠離凡夫不修善根。

初修卽觀之止，知幻有本屬眞空，除凡夫人法二執，樂著世間五欲之境；除二乘心外有法，怖畏生死怯弱之見。次修卽止之觀，知眞空不礙幻有，除二乘不起大悲願行狹劣心過；除凡夫不修諸善功德懈怠心過。二別辨竟。

丑三　總結

以此義故，是止觀二門，共相助成，不相捨離。若止觀不具，則無能入菩提之道。

初句承上。先二門雙具，互助不離。定愛慧策，慧狂定制。凡夫厭世無常，勤修衆善。二乘不怖生死，能起大悲。不滯空有二邊，自可直趣菩提之道。後二句顯止觀不具，如單輪不能遠運，隻翼安得高飛。二約法廣辨竟。

丁三　防退方便　戊一　明畏退之機　二　明防退之法

復次，衆生初學是法，欲求正信，其心怯弱，以住於此娑婆世界，自畏不能常值諸佛，親承供養。懼謂信心難可成就，意欲退者。

此約劣機。初學是法者：謂修行信心，欲求正信，速得成滿。因機劣難成，心懷怯弱。下明怯弱所以，因住此娑婆五濁惡世，釋迦已去，彌勒未來，不能值佛，外缺勝緣，故懼退失。

戊二　明防退之法

當知如來有勝方便，攝護信心。謂以專意念佛因緣，隨願得生他方佛土，常見於佛，永離惡道。

勝方便，卽念佛法門，可以横超三界，乃爲修行捷徑。如來以此方便，攝受護持劣機衆生，令其信心不退。專意念佛者，都攝六根，淨念相繼也。因緣，乃本覺內熏爲因，能發信佛之心。依信起行爲緣，轉得資熏之益。信行既篤，更加願求，三種資糧既具，故得往生見佛，永離惡道。○如楞嚴勢至圓通章云：十方如來，憐念衆生，如母憶子；若子逃逝，雖憶何爲？子若憶母，如母憶時，母子歷生，不相違遠。乃至現前當來，必定見佛。此亦念佛因緣，感應道交也。

如修多羅說，若人專念西方極樂世界阿彌陀佛，所修善根，迴向願求生彼世界，卽得往生。常見佛故，終無有退。若觀彼佛眞如法身，常勤修習，畢竟得生，住正定故。

此引證專念阿彌陀佛，得生西方，居不退地。蓋往生不退，約有三位：一者、如蓮花未開，信行未滿，此但處無退緣，故名不退。二者、花開見佛，當信位滿足，分見法身，住正定聚，乃眞不退。三者、三賢位滿，初地已去，證徧滿法身，生無邊佛土。如佛記龍樹菩薩，住初地，生淨土等也。此中卽得往生，常見佛故；又云畢竟得生，住正定故；似當後二不退也。四修行信心分竟。

丙五　勸修利益分三　丁一　總結前說　二　備陳損益　三　極勸修學

已說修行信心分。次說勸修利益分。如是摩訶衍諸佛秘藏，我已總說。

如是，指正宗三分，總攝如來廣大深法，爲諸佛祕密之藏，淺智莫識。我爲利生故，今已總說。意在流通遐邇，除疑捨執，是以勸修卽流通分也。

丁二　備陳損益

若有衆生，欲於如來甚深境界得生正信，遠離誹謗，入大乘道。當持此論，思量修習，究竟能至無上之道。

此總顯三慧之益。甚深境界，卽一心之大總相法門，唯佛能證，故冠以如來。若衆生欲於此大乘境界，生信遠謗，而得契入者，應以三慧爲能入故。持者聞持，卽聞慧；思量卽思慧；修習卽修慧。三慧具足，復本心源，究竟得至如來無上覺道。

若人聞是法已，不生怯弱，當知此人，定紹佛種，必爲諸佛之所授記。

下別顯三慧。此聞慧益。聞大乘一心眞如之理，爲成佛之本，諦信不疑，心不怯弱，定得信心滿足，入於初住；堪紹佛種，爲佛授記。

假使有人，能化三千大千世界滿中衆生，令行十善。不如有人，於一食頃，正思此法，過前功德，不可爲喩。

此別顯思慧益。以十善有漏，教令修行，不出輪迴。此法無比，食頃暫思，便成佛種。從因尅果，必紹佛位，故不可喩。

復次若人，受持此論，觀察修行，若一日一夜，所有功德，無量無邊，不可得說。假令十方一切諸佛，各於無量無邊阿僧祇劫，歎其功德，亦不能盡。

此別顯修慧益。若能觀察大乘正理，稱理起修，是謂圓修。較之權漸，日劫相倍。故爲時雖少，功德甚多。非但凡小盡思度量不可得說，卽諸佛窮劫稱歎，亦不能盡。

何以故？謂法性功德，無有盡故。此人功德，亦復如是，無有邊際。

此徵釋無盡所以。謂眞如法性，具足恆沙性功德。故此稱性所修，一一離相。雖一日夜，其功德亦無有盡。上陳信者之益。

其有衆生，於此論中，毀謗不信，所獲罪報，經無量劫，受大苦惱。是故衆生，但應仰信，不應誹謗，以深自害，亦害他人。斷絕一切三寶之種。

下陳謗者之損。以此論，乃諸佛法身，大乘正理，出生十方聖賢。若有謗者，獲無量罪，受極大苦。故論主叮嚀誥誡，以免自害害人，斷絕三寶種性。

以一切如來，皆依此法，得涅槃故。一切菩薩，因之修行入佛智故。

轉釋斷三寶義。如來佛寶，依之得涅槃；菩薩僧寶，依之成菩提。此法卽大乘一心，得成菩提涅槃之法，卽法寶。謗此法者，卽斷三寶種。二備陳損益竟。

丁三　極勸修學

當知過去菩薩，已依此法，得成淨信。現在菩薩，今依此法，得成淨信。未來菩薩，當依此法，得成淨信。是故衆生，應勤修學。

結勸。此法：爲三世不易之軌，諸聖共由之路。故應勤修學，得成淨信，得證菩提。五正立論體竟。

甲六　總結迴向

諸佛甚深廣大義，我今隨分總持說。迴此功德如法性，普利一切衆生界。

初句結義，卽一心二門三大之義。豎窮三際，曰甚深；橫徧十方，曰廣大；一切諸佛之所同證。次句結文，乃隨順機宜，於深廣法義，以少分文字，總持而說。提綱揭要，正爲樂略之機。以一萬一千餘言，少文而攝多義也。後二句，結迴向。卽迴向三處：一、實際、二菩提、三衆生。迴顯示正義功德，如眞如法性，平等周徧，此迴向實際也。迴對治邪執功德，普利衆生，令起大乘正信，此迴向衆生也。迴分別發趣道相功德，普利衆生，信解修證，同成正覺，此迴向菩提也。造論始終，因緣迴向，遙遙相對。無非欲令衆生，離一切苦，得究竟樂也。

大乘起信論講義卷下終

圓瑛老法師遺墨

重陽後五日結伴此登臨蒼壑白雲滿千
山紅葉深密淵明遠浦晚磬出幽林懸
眺斜陽裏花々憶古今結廬人境外靜坐
掩柴關法侶簷前樹禪心雨後山種
松期鶴宿掃石待雲還寂寞幽棲子
忘機與物閒蒼壑千巖下幽懷我空
知梅花密不放明月冷相窺貧病為詩
料閒吟寄客思遠憐孤僻處獨自採靈
芝不怕溪橋滑來尋靜者蹤遠山寒有
雪近水凍無魚絕壑扶筇與々疏梅伴竹
舒天然好圖畫摩詰寫難如民國二十
三年菊秋於太白山之大覺堂圓瑛書

圓瑛老法師遺墨

禪教律淨四宗　向上一條路寂照貴雙
行萬緣齊放下知解亦不生綿綿與密密
祇許起疑情大疑有大悟心地自然明
如來所說法如指月示人因指當看月依
教要觀心說食不能飽數寶莫濟貧休執
文字障執藥病更深　五篇與三聚定慧
此為基我佛有遺囑當以戒為師身口與
意業止作要雙持皎潔若冰霜疾趣佛菩
提　淨土之法門為修行捷徑一念止衆
念方便最殊勝心中惟有佛念念以相應
橫超出三界無生忍速證庚辰四月錄
四明太白山人圓瑛

演度弘宗願力深高山流水
有知音籌經留作將來眼福
慧雙修萬世歲以應

師尊遺著圓瑛法彙再版
弟子明暘書於圓明講堂

國家圖書館出版品預行編目資料

大乘起信論講義／圓瑛法師著. -- 初版. -- 新北市：華夏出版有限公司, 2023.12
面；　公分. --（圓明書房；030）
ISBN 978-626-7296-52-3（平裝）
1.CST：大乘論 2.CST：佛教修持

222.14　　112008748

圓明書房 030
大乘起信論講義

著　作　圓瑛法師
出　版　華夏出版有限公司
220 新北市板橋區縣民大道 3 段 93 巷 30 弄 25 號 1 樓
電話：02-32343788　傳真：02-22234544
E-mail：pftwsdom@ms7.hinet.net
印　刷　百通科技股份有限公司
電話：02-86926066 傳真：02-86926016
總經銷　貿騰發賣股份有限公司
新北市 235 中和區立德街 136 號 6 樓
電話：02-82275988　傳真：02-82275989
網址：www.namode.com
版　次　2023 年 12 月初版一刷
特　價　新臺幣 320 元（缺頁或破損的書，請寄回更換）

ISBN-13：978-626-7296-52-3